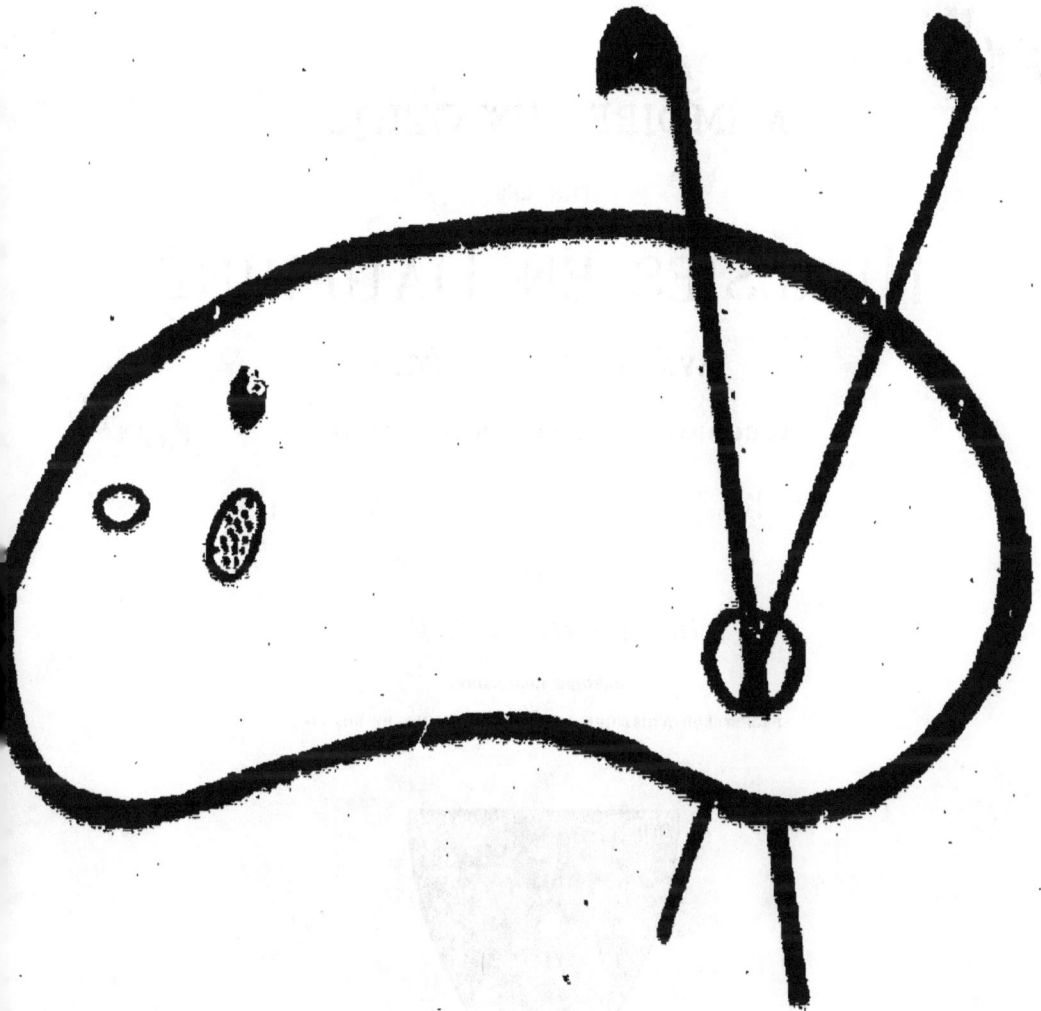

COUVERTURE SUPÉRIEURE ET INFÉRIEURE
EN COULEUR

# MÉMOIRE HISTORIQUE

SUR LES

# HÉRÉSIES EN DAUPHINÉ

AVANT LE XVIe SIÈCLE

ACCOMPAGNÉ DE DOCUMENTS INÉDITS

sur les sorciers et les Vaudois

PAR

## JULES CHEVALIER

CHANOINE HONORAIRE,
PROFESSEUR D'HISTOIRE AU GRAND SÉMINAIRE DE ROMANS

VALENCE

JULES CÉAS & FILS, IMPRIMEURS-ÉDITEURS

1890

COLLECTION

D'OPUSCULES DAUPHINOIS

I

LES HÉRÉSIES EN DAUPHINÉ

AVANT LE XVIᵉ SIÈCLE

# Du même Auteur.

*Essai historique sur l'Eglise et la ville de Die.* Montélimar, Bourron, in-8°, t. I (1888), xii et 500 pages. — Cet ouvrage aura trois volumes. Le tome second est sous presse.

*Mémoires des frères Gay, de Die, pour servir à l'histoire des guerres de religion en Dauphiné et spécialement dans le Diois, publiés d'après les manuscrits originaux, avec un texte supplémentaire, des notes généalogiques et des documents inédits.* Montbéliard, P. Hoffmann, 1888, in-8°, 353 pages.

*Notes et documents pour servir à l'histoire des évêques d'Avignon et de Valence dans la seconde moitié du XIIIᵉ siècle.* Valence, 1886, in-8°, 31 pp.

*Mémoires du Père Archange de Clermont, de l'ordre des Frères Mineurs Récollets, pour servir à l'histoire des Huguenots à Romans (1547 à 1570).* Romans, 1887, in-8°, 75 pp.

*Quarante années de l'histoire des évêques de Valence au moyen âge (Guillaume et Philippe de Savoie), 1226 à 1267.* Paris, Picard, 1889, in-8°, 109 pp.

*Amédée de Roussillon, évêque de Valence et de Die, 1276-1281. Étude historique.* Grenoble, Baratier, 1890, in-8°, 96 pp.

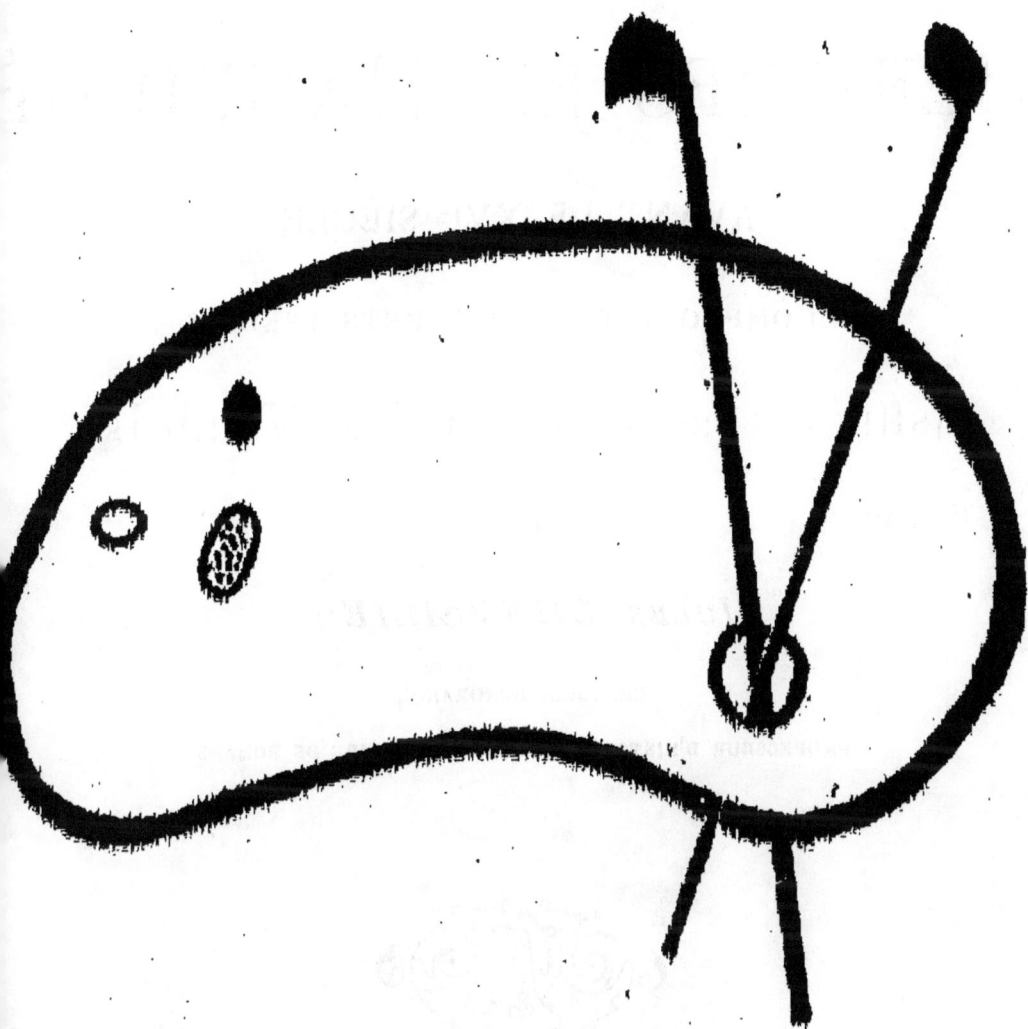

ORIGINAL EN COULEUR
NF Z 43-120-8

# MÉMOIRE HISTORIQUE

## SUR LES

# HÉRÉSIES EN DAUPHINÉ

## AVANT LE XVIᵉ SIÈCLE

### ACCOMPAGNÉ DE DOCUMENTS INÉDITS

sur les sorciers et les Vaudois

PAR

## JULES CHEVALIER

CHANOINE HONORAIRE,

PROFESSEUR D'HISTOIRE AU GRAND SÉMINAIRE DE ROMANS

VALENCE

JULES CÉAS & FILS, IMPRIMEURS-ÉDITEURS

1890

LES

# HÉRÉSIES EN DAUPHINÉ

## avant le XVIe siècle

C'est un fait remarquable et qu'on n'a point encore étudié avec toute l'attention qu'il mérite, les peuples de la région des Alpes et de la vallée du Rhône ont été associés plus intimément que les autres à toutes les grandes révolutions religieuses de l'Occident.

L'occupation burgonde les mit en contact, au Ve et au VIe siècle, avec les doctrines ariennes : la science, le courage héroïque d'une phalange de saints évêques ne purent arrêter complétement les progrès de cette hérésie. On peut aisément se faire une idée de la force qu'elle avait acquise par les conciles et les écrits nombreux destinés à la combattre. Il ne fallait rien moins que la conquête franque pour lui porter les derniers coups ; mais longtemps après, alors que l'erreur avait totalement disparu, le nom d'arien s'était perpétué au sein de nos populations et servait, comme plus tard celui d'albigeois, à désigner toute espèce d'hérétiques (1).

---

(1) RÉVILLOUT, De l'arianisme des peuples germaniques qui ont envahi l'empire romain. Paris, 1850, in-8°.

Au VI⁰ et au IX⁰ siècle, les Sarrasins occupèrent divers points des régions alpestres, entre le lac Léman et la mer ; de là ils fondaient comme un torrent sur les plaines voisines et y portaient la désolation et la mort. Leur prosélytisme était nul ; mais il n'en est pas moins certain que pour la société chrétienne le voisinage de ces pirates fut une cause perpétuelle de trouble et de danger ; l'enseignement religieux de nos populations dut en ressentir le contre-coup. Peut-être même cet état de choses a pu donner naissance à cette antipathie pour l'Eglise, à cette hostilité contre les doctrines catholiques qui se manifeste dès l'époque la plus lointaine dans quelques parties du haut Dauphiné. On sait en effet que dès la fin du XI⁰ siècle, Urbain II signalait au zèle vigilant des évêques certaines vallées alpestres, entre autres la vallée Gérontane, comme un foyer d'hérésie.

Une vingtaine d'années après qu'Urbain II eut fait retentir ce cri d'alarme, l'hérésie faisait explosion dans nos contrées. Pierre de Bruys se mit à dogmatiser. Il enseignait que le baptême ne pouvait être utile aux enfants avant l'âge de raison, qu'il ne fallait ni construire des églises ni élever des croix, que le sacrifice de la messe était nul et que les prières pour les morts demeuraient sans effet. Il eut pour principal disciple un nommé Henri, dont saint Bernard nous a tracé le portrait d'une manière vive et saisissante. Il était d'un extérieur grave et austère ; il produisait beaucoup d'impression sur cette partie du peuple qui est incapable de saisir le fond d'une doctrine et qui ne s'arrête jamais qu'aux apparences. Il réussit, paraît-il, à séduire un assez grand nombre de personnes. Le mal avait surtout gagné les diocèses d'Embrun, de Gap et de Die. C'est ce que nous apprend Pierre le Vénérable, abbé de Cluny (1), dans la préface de son *Traité contre*

(1) S. BERNARDUS. *Opera omnia*, dans MIGNE, *Pat. lat.*, t. CLXXXII, c. 434-6. — PETRUS VENERABILIS. *Opera omnia*, dans MIGNE, *Pat. lat.*, t. CLXXXIX, c. 723. — Cf. (ALBERT). *Hist. ecclésiastique du diocèse d'Embrun*, 1783, in-8⁰, t. II, p. 103.

*les Pétrobusiens :* il adresse cet important ouvrage aux évêques de ces diocèses afin de les instruire pleinement sur la
nature de l'hérésie qu'ils sont appelés à combattre .

Nos pays étaient trop voisins du Languedoc et des liens politiques les rattachaient trop étroitement à la puissante maison des comtes de Toulouse pour ne pas subir l'influence de
la grande hérésie albigeoise. On sait en effet que Simon de
Montfort, au printemps de l'année 1217, vint à la tête de
l'armée de la croisade ravager le Valentinois et mettre le siège
devant Crest, pour punir Aymar de Poitiers de son attachement à Raymond de Toulouse, le protecteur des hérétiques (1). Mais les doctrines cathares ne jetèrent point chez
nous de profondes racines. Une autre hérésie s'était déjà fixée
sur notre sol ; elle y trouva un terrain propice, s'y développa
merveilleusement et telle fut la puissance de sa vitalité qu'elle
résista à tous les efforts dirigés contre elle, traversa tout le
moyen âge et se trouva encore debout lorsque la grande voix
des Luther et des Calvin se fit entendre : nous voulons parler
de l'hérésie vaudoise.

On a beaucoup écrit sur l'origine des Vaudois ; mais sur
ce point, comme d'ailleurs sur tant d'autres, l'histoire a encore pour nous d'impénétrables secrets. Il est juste toutefois
de reconnaître que dans ces dernières années les travaux de
l'érudition allemande ont apporté quelque lumière au milieu
du sombre chaos des affirmations contradictoires de nos vieux
historiens (2). C'est ainsi qu'il est à peu près complétement

---

(1) P. Meyer. *La chanson de la croisade contre les Albigeois*, Paris,
1879, in-8°, t. I⁰ʳ (texte), p. 241 ; t. II (traduction), p. 295.

(2) Tout ce que nous allons dire ici sur les origines Vaudoises n'est
que le résumé de : Muller, *Die Waldenser unde ihre einzelnen Grup-
pen bis zum Anfang des 14 Jahrhunderts.* Gotha, 1886, in-8°, 172 pages.
Cet ouvrage nous fait connaître tout ce qu'on a publié jusqu'ici sur
cette intéressante question ; on y trouve (p. 71-73) le tableau des sources de l'histoire des Vaudois français. Voir dans la *Revue historique,*
t. XXXV (1887), p. 52, un excellent compte-rendu de cet ouvrage où
nous avons aussi puisé.

démontré aujourd'hui qu'entre les Vaudois et les Cathares
Albigeois, il n'y a pas cette communauté d'origine qu'on avait
cru reconnaître, et que tout « concourt, au contraire, à distin-
« guer profondément les deux sectes : la date probable de leur
« apparition respective, leurs visées et leurs tendances parti-
« culières, le dénouement de leur existence à toutes deux. Le
« catharisme, atteint d'un coup mortel dès le début du XIIIᵉ
« siècle, s'éclipse pour toujours dans la première moitié du
« siècle suivant ; tandis que les doctrines vaudoises se main-
« tiennent encore durant des siècles. » On a essayé de rattacher
la naissance de cette hérésie à quelque tendance morale et religieuse du XIIᵉ siècle, et l'on s'est demandé, non sans raison,
si elle ne serait pas elle aussi une manifestation de ce désir
de réforme, de retour à la vie simple et pure des premiers
chrétiens, qui devait amener la création de l'ordre admirable
de St-François. Très probablement, c'est dans le nord de
l'Italie, où nous trouvons au XIIᵉ siècle le tiers-ordre des
*Humiliés* de Milan, qu'il faut chercher le berceau de cette
hérésie à laquelle Pierre Valdo donna tout à la fois et sa forme
définitive et le nom sous lequel elle fut connue parmi nous.
Ce Pierre Valdo, qu'on croit originaire des vallées alpestres,
aurait porté à Lyon les premières semences de l'erreur. Quoi-
qu'il en soit, il est du moins certain que vers l'année 1170,
frappé de la mort soudaine d'un de ses proches, il distribua
aux pauvres la fortune qu'il avait acquise dans le commerce,
recruta des adhérents et commença à mener avec eux ce
qu'il appelait une vie apostolique; il prêcha l'Evangile aux
pauvres. Désireux de se familiariser avec les Saintes Ecri-
tures, il chargea deux ecclésiastiques de traduire en langue romane les Evangiles et les autres livres de la Bible.
Ces traductions en langue vulgaire furent un des principaux éléments du succès des Vaudois. A l'imitation des ora-
teurs catholiques, les premiers Vaudois prêchaient dans les
rues et sur les places. Chassés de Lyon, ils se répandirent
dans tous les pays voisins, et malgré les excommunications

lancées contre eux par les papes Alexandre III et Lucius III, ils persistèrent dans leur façon d'agir et gagnèrent de nombreux adhérents.

En 1212, Innocent III tenta de donner une direction catholique à ce mouvement qui entraînait les esprits vers une réforme vaguement entrevue ; il autorisa l'espagnol Durand de Huesca à se mettre à la tête de quelques Vaudois convertis pour former une sorte d'association pieuse sous le nom de *Pauvres Catholiques*. Ces efforts furent malheureusement impuissants pour arrêter les progrès de la nouvelle hérésie ; progrès, il faut le reconnaître, que favorisaient trop la négligence de beaucoup de prêtres, le mécontentement du peuple, le zèle des apôtres vaudois, l'abolition des dimes, la destruction de quelques abus. Six ans plus tard, en 1218, une sorte de schisme qui se produisit au sein de la petite église vaudoise, à la suite d'une conférence, tenue à Bergame, nous montre avec quelle rapidité le nombre des hérétiques s'était accru. Cette église fut définitivement partagée en deux branches : la branche italienne ou lombarde et la branche française. Cette dernière eut dès lors son véritable centre d'action dans les vallées des Alpes.

Entre autres documents précieux sur la doctrine des Vaudois de nos pays, à cette époque, nous citerons une page du livre récemment publié d'Etienne de Bourbon, religieux dominicain du couvent de Lyon (1). Ce Frère Prêcheur, qui joignait au zèle apostolique le talent de la parole, parcourut en 1233 le diocèse de Valence. Peu de temps après, le rôle d'inquisiteur lui ayant été confié, il fut, par le fait même de sa mission pénible et délicate, mis plus directement en contact avec les Vaudois, sur les mœurs et les doctrines desquels il nous a

---

(1) *Anecdotes historiques, légendes et apologues tirés du recueil inédit d'Étienne de Bourbon, dominicain du XIIIᵉ siècle, publiés par* A. Lecoy de la Marche. Paris, 1877, in-8ᵉ.

transmis quantité de détails parfaitement authentiques. Voici
du reste comment il s'exprime dans le curieux ouvrage qu'il
destinait aux prédicateurs de son temps :

« A l'époque où je prêchais dans le diocèse de Valence
« (1235), je ne connaissais point encore à fond l'hérésie des
« Vaudois, attendu que ce ne fut que quelque temps après que
« j'exerçai les fonctions d'inquisiteur. Or, un catholique de ce
« pays me raconta qu'il avait entendu des maîtres de l'erreur
« commenter ainsi ce texte de la Genèse : *Dieu forma l'homme*
« *du limon de la terre et lui inspira un souffle de vie*. Dieu,
« disaient-ils, façonna avec de l'argile molle une certaine
« forme humaine, comme font les enfants, et la plaça ensuite
« au soleil pour la faire sécher. Une fois complètement des-
« séchée, il arriva que toutes les rides ou fentes produites
« par l'action des rayons solaires se remplirent de sang et
« devinrent des veines. En dernier lieu, il souffla sur la face
« de cette statue et lui communiqua son esprit ; c'est ainsi
« que l'homme fut fait âme vivante. Toutes les autres âmes
« proviennent de cette source. Presque tous les Vaudois s'ac-
« cordent pour dire que l'âme de tout homme juste et bon
« n'est autre que l'Esprit-Saint lui-même, qui est Dieu, et
« que le juste, tant qu'il demeure tel, ne peut avoir une autre
« âme que l'Esprit-Saint qui est Dieu. S'il pèche, l'Esprit
« sort et le diable prend sa place... Ils enseignent qu'il n'y a
« de peines expiatrices que dans le temps présent, et que par
« conséquent tous les suffrages de l'Eglise, comme toutes
« les œuvres, ne servent de rien aux défunts. Ils disent que
« tous les bons sont prêtres et que tout homme bon peut ab-
« soudre des péchés, aussi bien que le pape, selon notre
« doctrine ; toutefois, quand ils expliquent sur ce point leurs
« croyances, ils enseignent qu'il n'y a en réalité que Dieu
« qui puisse absoudre et que si les justes le font, ce n'est que
« parce que Dieu, qui habite en eux, agit par eux. Ils n'ont
« que du mépris pour les absolutions et les excommunica-
« tions de l'Eglise, parce que, disent-ils, il n'y a que Dieu

« qui puisse excommunier. Un de leurs maîtres les plus célè-
« bres et qui s'était acquitté pour des intérêts de la secte de
« divers emplois, me faisait un jour cette distinction : il en
« est, me disait-il, qui ne sont ordonnés ni par Dieu ni par
« les hommes, comme les mauvais laïques ; il en est qui sont
« ordonnés par les hommes et non par Dieu, comme les
« mauvais prêtres ; il en est enfin qui sont ordonnés par Dieu
« et non par les hommes, comme les bons laïques qui obser-
« vent les commandements, qui ont le pouvoir de lier et de
« délier, de consacrer et d'ordonner, s'ils prononcent les
« paroles sacramentelles. Me parlant de ces derniers, quel-
« ques-uns d'entre eux, ajoutait-il, enseignent que les hom-
« mes seuls peuvent exercer les fonctions sacerdotales ; tandis
« que d'autres n'établissent sur ce point aucune différence et
« soutiennent que la femme elle aussi, si elle est bonne, peut
« être prêtre. J'ai vu moi-même une femme hérétique, brûlée
« depuis, qui se servait d'une sorte de coffre en forme d'autel,
« sur lequel elle faisait les cérémonies de la consécration...
« Ces hérétiques tournent en ridicule les indulgences accor-
« dées par le pape, les absolutions et les clefs de l'Eglise. Ils
« ne respectent pas davantage les dédicaces ou consécrations
« d'églises et d'autels, appelant ces cérémonies les fêtes d'un
« tas de pierres. Toute la terre, disent-ils, a été consacrée et
« bénite par Dieu ; aussi n'ont-ils aucun respect pour les
« cimetières et les églises des chrétiens... Ils disent encore
« que nos clercs et nos prêtres qui ont de l'argent ou des ter-
« res sont fils du diable, enfants de perdition ; c'est un péché
« que de leur donner des dîmes ou des offrandes ; c'est,
« pour rappeler ici une expression dont ils se servent par
« manière de moquerie, vouloir engraisser du lard. Ils se
« moquent des cierges qu'on allume devant les images des
« saints ; ils se moquent de nos rites sacrés et de nos chants,
« demandant si Dieu n'entendrait pas nos prières, lors même
« que nous ne chanterions pas... Ils disent que l'Eglise ro-
« maine est la Babylone, la grande prostituée de l'Apocalypse...

« Ils disent qu'il n'y a pas de péché à violer les jeûnes et les
« abstinences... (1) »

(1) *Anecdotes historiques....* p. 294-7. — M. Paul Guillaume, a publié
dans le *Bulletin de la Soc. d'Etudes des Hautes-Alpes*, t. VII (1888), p.
220-2, un curieux document, emprunté à un Ms. de la Bibliothèque
nationale (fonds lat., n° 15179, f° 354vo — 355ro) et qui nous fait connaître un exposé sommaire de la doctrine des Vaudois au XIVe siècle.
Ce document, rapproché des textes inédits que nous donnons plus loin,
nous expose d'une manière complète les croyances de la secte.

« Hec sunt manifesta per conversos de secta Valdensium.

Notandum quod rectores secte Waldensium talem habent modum et
conversationem.

1° Primo quia diebus quatuor jejunant in ebdomada, scilicet feria
IIa, IIIIa, VIa, et sabbato, unum illorum in pane et aqua, scilicet feriam
sextam, nisi sint in itinere vel in aliquo gravi labore impediti. — 2° Sepcies
orant in die, non aliud nisi *Pater noster.* Senior inter eos incipit ora-
tionem et facit eam prolixam vel brevem, secundum quod sibi videtur.
— 3° Pro majori autem parte superiores illorum sunt illiterati et scrip-
turam sacram in corde retinentes. — 4° Et verbis sunt cauti. — 5° Men-
dacia voluntaria et verba turpia solent evitare. — 6° Vestimentis vilibus
utuntur. — 7° Diligenter subditos suos informant ad virtutes exercendas
et vicia cavenda. — 8° Et quia conversatio eorum apparet commenda-
bilis ideo subditi eorum fidem eis adhibent in omnibus : ex hoc et nimium confortantur.

9° Primo purgatorium negant et per consequens suffragia defunctorum. — 10° Venerationes Sanctorum Omnium, eciam Virginis gloriose,
ydolatriam asserunt nec concedunt quod aliquid valeant pro nobis sancte
eorum intercessiones. — 11° Omne juramentum indifferenter dicunt
esse peccatum. — 12° Et nullum eciam maleficium qualecunque morte
esse puniendum, — 13° Et quod apostolici, episcopi, religiosi et omnes
clerici non debeant habere possessiones. — 14° Indulgentias ecclesie
nichil advertunt. — 15° Peregrinationes non curant nec faciunt. —
16° Horas canonicas et alia divina officia dicunt esse quasdam decep-
tiones. — 17° Cetera omnia remedia ecclesie, preter sacram (cenam),
sicut aquam benedictam, structuras ecclesiarum et similia, dicunt esse
superflua. — 18° Confitentur puris laicis, non ordinatis, eciam illite-
ratis.

19° Item, quando volunt aliquem assumere ad eorum habitum, prius
per aliquod tempus probant eum et tempore ordinationis faciunt eum
confiteri a juventute omnia peccata sua ; quia nullus suscipitur ab eis

Ces quelques lignes suffisent pour montrer quel désordre régnait alors dans les esprits et à quels dangers étaient sans cesse exposée la foi de nos populations. Mais une nouvelle cause de trouble survint bientôt. Des événements politiques firent passer la société par une de ces crises douloureuses, durant lesquelles les passions violentes, les mauvaises doctrines se donnent impunément libre carrière. Nos pays se trouvaient forcément engagés dans la lutte qui avait éclaté entre le pape et l'empereur. Les seigneurs féodaux qui dominaient dans les contrées situées entre les Alpes et le Rhône relevaient de l'Empire ; désireux de se maintenir dans les bonnes grâces du prince, ils prirent souvent vis-à-vis du pape une attitude, sinon hostile, du moins assez équivoque qui les fit considérer parfois comme ennemis de la papauté et de l'Eglise. De là à les traiter, eux et leurs adhérents, comme des hérétiques, il n'y avait qu'un pas, et ce pas fut souvent fran-

---

nisi sit castus et omni consortio mulierum immunis quoad opera carnalia. — 20° Et cum aliquis ex ipsis ad confessiones audiendas debet ordinari et a superioribus assumi, interrogatur primo de septem articulis fidei, scilicet : utrum credat unum Deum in trinitate personarum et unitate essencie ; secundo, quod idem Deus sit creator omnium visibilium et invisibilium ; tertio, quod tradidit legem Moysi in monte Sinay ; quarto, quod misit filium ad incarnandum de virgine Maria ; quinto, quod sibi elegit ecclesiam immaculatam ; sexto, carnis resurectionem ; septimo, quod venturus est judicare vivos et mortuos. — 22° Item, idem interrogatur de VII sacramentis, scilicet de baptismo et ceteris.

22° Vota vero que requiruntur ab eo sunt hec : primo, ut promittat obedientiam Deo et ordini suo ; secundo, castitatem ; tercio, quod non redimat vitam suam in captivitate constitutus sive quocunque periculo mortis preventus et hec falso juramento vel peccato mortali ; quarto, quod nullam habeat spem de operibus manuum suarum sed quod paupertatem voluntariam imitetur ; quinto, quod non habeat majorem confidenciam de consanguineis suis quam de aliis ejusdem secte. Et sic per impositionem manuum, semel et non plus, per suos superiores ordinatur.

Hec sunt conscripta et manifesta per conversos de illa secta. »

chi. Aussi les évêques et les inquisiteurs, pour combattre le mal, usaient et quelquefois abusaient des censures ecclésiastiques. Dans certaines villes, toutes les cérémonies du culte étaient suspendues par suite d'un interdit général ; ailleurs le nombre des excommuniés atteignait un chiffre considérable. Les inconvénients de ce système de répression ne pouvaient manquer de se faire sentir : le clergé soulevait autour de lui des flots de haine, et pendant que les uns murmuraient contre des rigueurs qu'ils disaient n'avoir point méritées, d'autres s'habituaient à n'avoir pas souci des sacrements qu'on leur refusait. Cet état de mécontentement, d'exaspération des esprits tournait au profit des hérétiques.

Dès les premiers jours de son pontificat, Innocent IV avisa aux moyens de faire cesser les désordres qui depuis longtemps troublaient nos pays. Zoën Tencarari, évêque élu d'Avignon, ami personnel du pape, fut nommé légat et reçut la mission de surveiller activement l'hérésie, mais d'empêcher en même temps qu'elle ne servît de prétexte à des persécutions exagérées. Rétablir la tranquillité dans le Midi de la France, en facilitant dans une certaine mesure le retour à ceux qui voulaient se réconcilier avec l'Église, telle paraît avoir été, en 1243, l'une des préoccupations d'Innocent IV. Lorsqu'après avoir quitté l'Italie pour se soustraire aux fureurs de Frédéric II, le pape eut établi sa cour à Lyon, sa sollicitude fut encore plus grande pour nos contrées. Zoën reçut avec le titre de vicaire apostolique les pouvoirs les plus étendus dans les provinces de Besançon, de Tarentaise, de Vienne, d'Embrun, d'Arles et d'Aix : le pape lui reconnut le droit d'accorder l'absolution à ceux qui avaient été jadis frappés d'excommunication, pourvu qu'ils rentrassent avec humilité dans le sein de l'Église (1).

---

(1) ELIE BERGER, *Les Registres d'Innocent IV*. Paris, 1887, in-4°. Introd., p. 49-50.

Au concile célébré à Valence le 5 décembre 1248, on prit des mesures sévères tant contre les hérétiques qui infestaient nos pays que contre ceux qui, par une coupable négligence, favorisaient leur développement. « Celui qui après avoir été « admonesté, lisons-nous dans les actes de ce concile, n'exé- « cute pas la sentence prononcée par les inquisiteurs, sera « traité comme un protecteur ou un défenseur des hérétiques. « Si un évêque se refuse à proclamer ou à exécuter la sen- « tence contre un pareil coupable, l'entrée de l'église lui sera « interdite.... Celui qui pour avoir été hérétique est obligé « de porter une croix sur ses habits, ne doit jamais la quitter. « Si après une admonestation il ne la reprend pas, on devra le « regarder comme hérétique (1)... »

Grégoire IX avait confié l'inquisition dans le midi de la France aux Dominicains, mais la sévérité déployée par ces religieux n'avait pas tardé à la leur faire enlever; elle passa aux mains des Franciscains. Nous avons des lettres d'Urbain IV, datées des années 1263 et 1265, qui sont adressées à des Frères Mineurs, pourvus de la charge d'inquisiteurs contre les Vaudois, mais les faits qu'elles signalent sont de peu d'im- portance (2). Il nous faut descendre jusqu'à l'année 1290 pour recueillir quelques détails précis sur une mission orga- nisée en vue de ramener nos hérétiques dauphinois dans le giron de l'Eglise. Le pape Martin IV, tout dévoué aux prin- ces de la maison d'Anjou, voulut profiter de l'influence qu'il pouvait avoir sur eux, pour les engager à unir leurs efforts à ceux du Dauphin de Viennois dans une action commune contre les Vaudois, toujours très nombreux dans le Brian- çonnais et le comté de Forcalquier. Un Frère Mineur, Guil- laume de Saint-Marcel, originaire de nos pays et de la sorte

---

(1) Héfélé, *Histoire des Conciles* (traduite par l'abbé Delarc). Paris, 1872, in-8° t. VIII, p. 415.

(2) Sbaralea, *Bullarium franciscanum.* Romæ, in-f° t, I (1759), col. 527, et t. III, col. 6.

parfaitement instruit des mœurs de ces hérétiques, fut nommé inquisiteur. L'histoire constate qu'il n'employa contre ces malheureux égarés d'autres armes que celles de la douceur et de la persuasion, mais que le résultat ne répondit point aux ardeurs de son zèle (1).

Durant le XIVe siècle, le Dauphiné fut en proie aux maux de toute sorte qu'engendraient alors les rivalités entre seigneurs. Des guerres acharnées, notamment dans le Valentinois, des pestes effroyables firent périr un nombre considérable d'habitants. Au milieu de ces désastres, les ténèbres se faisaient de plus en plus épaisses sur les vérités religieuses et l'hérésie relevait la tête. En 1321, Jacques Bernard, de l'ordre des Frères Mineurs, exerçait par délégation du siège apostolique la charge de grand inquisiteur dans les provinces d'Arles, d'Aix, de Vienne et d'Embrun ; c'était un homme plein de zèle, qui envoyait partout des religieux de son ordre pour instruire les procès des hérétiques et de leurs fauteurs. Or il arriva qu'au mois de février de cette même année 1321 deux de ces inquisiteurs secondaires, qui parcouraient ensemble le diocèse de Valence, se rendirent de Chabeuil à Montélier et s'arrêtèrent au prieuré du lieu pour y passer la nuit : ils se nommaient Catalan Faure et Pierre Pascal ; ce dernier était originaire de Saillans. S'acquittaient-ils de leur délicate mission avec une rigueur qui leur valut la haine des hérétiques ? Il est permis de le supposer, car trois habitants du pays, Jean Jacquier, Pierre et Jean Alus, de Châteaudouble, vinrent de nuit les attaquer dans la maison où ils avaient demandé un asile et les massacrèrent impitoyablement (2). Cet horrible attentat eut dans toute la province

---

(1) CHORIER, *Histoire de Dauphiné*, t. II, p. 391-2.

(2) WADING. *Annales Minorum*, ad an. 1321, § 21 et seq. — ARTURUS A MONASTERIO. *Martyrologium franciscanum*, Parisiis, 1653, in-f°, p. 65: « Tertio idus februarii. In territorio Valentinensi in Gallia, passio beatorum Petri Paschalis et Catalani martyrum, qui cum sanctæ inquisi-

un immense retentissement. Les officiers de justice du comte
de Valentinois se saisirent des coupables et voulaient les
juger. Sur ces entrefaites, une lettre du grand inquisiteur
fut remise à Aymar de Poitiers, comte de Valentinois ; il lui
était enjoint d'avoir à envoyer à Valence, sous bonne escorte,
les meurtriers qu'il détenait dans ses prisons, et de les livrer
à l'inquisiteur qui s'était transporté dans cette ville et voulait,
comme c'était son droit, instruire le procès et décider du sort
de ces *fils d'iniquité, de ces hérétiques et fauteurs d'hérétiques.*
Le comte redoutait pour ses sujets les terribles conséquences
d'un procès de ce genre ; il était difficile en effet de prévoir
quelles révélations ou dénonciations l'interrogatoire et la torture arracheraient peut-être aux criminels qu'on se disposait
à juger. Il résolut de détourner l'orage qui menaçait son
peuple : appréhendant moins les jugements de la curie papale
que ceux du grand inquisiteur, il répondit à la sommation
de celui-ci par un appel au pape et le lui fit signifier à Valence,
le 4 mai, par noble Bertrand de Montoison. Il protestait du
reste de ses sentiments orthodoxes et était persuadé que nul
n'oserait révoquer en doute la pureté de sa foi ; il ajoutait

---

tionis munus exercerent, ab hæreticis intercepti, crudeliter pro fide catholica necati sunt. » Ce commentaire est ajouté au texte : « Cum R. P.
frater Jacobus Bernardi generalis inquisitor esset adversus hæreticam
pravitatem in provinciis Arelatensi, Aquensi et Ebredunensi, misit hos
duos beatos fratres, tanquam officii sui vicarios, in episcopatum Valen-
tinensem, ut contra hæreticos eorumque fautores procederent. Dum
ergo injuncti muneris opus diligenter prosequerentur pergerentque a
Cabiolo ad castellum Montelisium ab ipsis hæreticis intercepti crudeliter sunt interfecti, an. 1321, quorum corpora, delata Valentiam et apud
conventum fratrum honorifice condita, pluribus miraculis illustrantur.
Eo autem die quo martyrium subiere cuidam sanctimoniali infirmæ
apparuerunt, primo totaliter sanguinolenti, postea omnino gloriosi,
præmonentes eam ut in crastino exiret obviam corporibus eorum pro
sanitate recuperanda : quæ, cum monitis obtemperasset, statim pristinæ
restituta est sanitati... »

qu'il allait faire conduire à Avignon les trois prisonniers
pour que leur cause fût instruite et jugée dans cette ville (1).

(1) Archives de l'Isère, B, 3572. « Noverint universi et singuli quod
anno Domini M°. CCC°. XXI°, videlicet IIII° die mensis madii, in presentia mei notarii...., nobilis Bertrandus de Montaysone obtulit... venerabili.... Jacobo, inquisitori heretice pravitatis in Arelatensi, Aquensi,
Viennensi et Ebredunensi provinciis a sede apostolica deputato, nomine
illustris et potentis viri domini Ademari de Pictavia, comitis Valentinensis et Dyensis, quamdam patentem litteram papiream, sigillo dicti
domini comitis in dorso ut in prima facie apparebat sigillatam, cujus
littere tenor sequitur et est talis : Reverendissimo in Christo patri
domino G., permissione divina Valentinensi et Dyensi episcopo ac
venerabili et religioso fratri Jacobo, inquisitori heretice pravitatis in
Arelatensi, Aquensi, Viennensi et Ebredunensi a sede apostolica deputato, Aymarus de Pictavia, comes Val. et Dyen., salutem in illo qui est
omnium nostra salus. Recordamur nos nuper vestras recepisse litteras
principaliter continentes quod Johannem Jaquerii, alias dictum Despayta,
Petrum Alus et Johannem Alus de Castro Duplo nobis subditos et quos
mancipatos nostris carceribus tenebamus et delatos super nephando
scelere ac detestabili nuper commisso in prioratu Montiliizii in personis
fratris Catalani Fabri et fratris Petri Pascalis de Saliente, de ordine
fratrum minorum, per quosdam iniquitatis filios, hereticos vel fautores
hereticorum ibidem, nequiter perhemtorum, vobis sub fida custodia
transmitteremus apud Valentiam, ut possetis de tanto facinore cum eis
inquirere veritatem, et quantum ad forum ecclesiasticum pertinet eosdem
pena debita puniendos : vobis autem significamus quod super premissis
in romana curia multus rumor invaluit quod multi de terra nostra fuerunt in commitendo dictum facinus, scientes, participes, et consortes,
quod nobis fuit satis durum et in corde asperum, eo quod semper tanquam fidelis et zelator fidei ortodoxe tales aborrimus et a terra nostra
nostris temporibus extirpari (curavimus), et ut major probatio pro nobis
in hac parte apareat et obedientia que vobis et cunctis prelatis ecclesie
sancte Dei et aliis in tanto negocio deputatis debetur, prenominatos ad
sanctissimum in Christo patrem dominum nostrum dominum Johannem, sacrosancte romane ac universalis ecclesie summum pontificem,
cum diligentia et reverentia quam debemus, sub fida custodia duximus
transmittendos, et de aliis super premissis delatis, si ad manus nostras
vel gentium nostrarum devenire contigerit quoquo casu, ob favorem tanti
negocii cum reverentia idem facere sumus promti. Quare vos, cum
affectu quo possumus, deprecamur ne, quocunque pretextu tenoris ves-

Jean XXII confia le soin de terminer cette affaire aux évêques de Valence et de Viviers (1).

Les deux inquisiteurs, qui venaient d'être si tristement assassinés dans le cours de leur mission, furent considérés comme des martyrs. Leurs dépouilles mortelles transportées à Valence, reçurent dans l'église des Frères Mineurs une sépulture honorable. Leur tombeau devint un lieu de pèlerinage très fréquenté et les documents de l'époque nous parlent de guérisons miraculeuses obtenues par l'intercession de ces glorieux confesseurs de la foi. On songea dès lors à leur décerner les honneurs d'un culte public, et le pape Jean XXII écrivit à l'évêque de Valence, le 30 novembre 1321, pour le charger d'ouvrir une enquête et de faire les autres procédures nécessaires pour introduire une cause de canonisation (2). Les malheurs du temps firent bien vite oublier

---

trarum litterarum, contra nos nec terram nostram ob hoc procedere velitis, cum certiamur satis paruisse, si illi, qui judex est omnium, reverenter prenunciatorum remissionem fecerimus supradictam. Datum die quarta mensis madyi, anno Domini M°. CCC°. XXI°. — De quibus omnibus supradictis dictus Bertrandus, nomine quo supra, petiit sibi fieri publicum instrumentum per me notarium infra scriptum. Acta fuerunt hec apud Valentiam in domo fratrum minorum, in fornello in quo moratur prefatus frater Jacobus, testibus presentibus nobili viro Lamberto de Montemeyrano.., et me Johanne Regalis de Stella, Valentinensis dyocesis, auctoritate imperiali publico notario...

(1) RAYNALDI. *Annales ecclesiastici*, ad an. 1321, n° 17.

(2) WADING. *Annales fratrum minorum*, ad an. 1321, n° 22. — RAYNALDI. *Annales*, ad an. 1321, n° 17 : « Cum, sicut habet multorum relatio, omnipotens Dominus, qui sanctos suos mirificat meritis et eos facit corruscare miraculis, meritis eorumdem fratrum qui fidei prosequendo negotia a viris perfidis martyrium susceperunt, evidentia miracula in ecclesia, ad quam eorum corpora delata fuerunt circa infirmos, qui dictorum corporum devotum poterant habere contactum, fuerit operatus et jugiter operari dicatur, ac dignum existat ut quos signis et prodigiis Dominus sanctos venerandos ostendit, eos veneratione dignos fidelium mater Ecclesia debeat publicare, nos de premissis miraculis volentes, cum omni qua possumus cautela et diligentia, veritatem plenius

aux habitants de Valence les deux martyrs qui reposaient dans leur cité.

Cependant le sang qui venait d'être répandu criait vengeance; l'attention des autorités ecclésiastiques et civiles se porta sur la secte des Vaudois, à laquelle appartenaient sans doute les auteurs du crime de Montélier. Ces hérétiques se fortifiaient de jour en jour; ils s'assemblaient parfois jusqu'au nombre de plus de 500 pour l'exercice public de leur culte et du fond de leurs vallées alpestres, qui leur offrait une retraite sûre, ils entretenaient dans les provinces voisines une active propagande. Au mois de juillet 1332, le Dauphin Guigues VII, qui se trouvait depuis quelques semaines dans le Briançonnais, voulut visiter la Vallepute, réputée le boulevard des hérétiques, et il put de ses yeux se rendre compte de l'étendue du mal. Jean XXII lui adressa une lettre datée d'Avignon le 23 juillet pour stimuler son zèle et le porter à purger ses terres des dangereux Vaudois (1). Mais, comme on le sait, Guigues VII mourut en 1333 et le pape ne devait point tarder lui aussi à descendre dans la tombe. Benoît XII n'abandonna point les plans de son prédécesseur. Dès la première année de son pontificat, il s'occupa de grouper les forces catholiques en Dauphiné, en vue d'une action énergique et décisive contre les Vaudois. Dans ce but, il écrivit des lettres nombreuses à

---

indagare, fraternitati tuæ, de qua plenam in Domino fiduciam obtinemus, de fratrum nostrorum consilio, præsentium auctoritate, committimus et mandamus quatenus, vocatis et adhibitis tecum aliquibus probis viris, tam de vita et conversatione dictorum fratrum quam de professione fidei facta per eos, dum erant in agone recepti martyrii constituti, et de spontanea susceptione martyrii, quam de dictis miraculis, ac ipsorum circumstanciis universis, secundum datam tibi a Deo prudentiam, diligenter inquirens, nobis que inveneris studeas fideliter per tuas litteras nuntiare. Datum Avin., II kal. dec. an. VI. »

(1) MUSTON, *L'Israël des Alpes*, t. I, p. 35. « ... Frequentes congregationes per modum capituli... in quibus aliquando quingenti Valdenses fuerunt congregati... »

l'évêque de Valence, aux inquisiteurs, au Dauphin Humbert II et à Aymar de Poitiers, comte de Valentinois (1) ; mais les divisions intestines, les guerres qui désolaient alors la province ne permirent point à ces divers personnages de s'entendre pour un effort commun. Humbert II, voulant donner satisfaction au pape, enjoignit aux baillis, juges et procureurs de l'Embrunais de poursuivre les hérétiques de leurs ressorts. Une petite troupe de cavaliers qui avait été organisée pour une chevauchée en Bourgogne, reçut l'ordre de revenir sur ses pas et de se porter vers le haut Dauphiné pour une expédition à main armée contre les Vaudois. Ces faits se passaient en 1335 (2).

Les poursuites entrèrent bientôt dans une phase aiguë. Le 26 octobre 1338 et le 7 novembre 1339 l'inquisiteur se transporta à la Vallepute, où il prononça des condamnations contre les hérétiques et confisqua leurs biens. Bertrand Gilli, châtelain, fit vendre aux enchères les biens saisis et reçut les deniers en provenant : la somme totale des amendes et du produit de la vente aux enchères s'éleva à 200 florins, dont une partie revint à la princesse d'Orange, qui avait quelque juridiction dans ces contrées (3). Un nommé Jean Dydelin

---

(1) RAYNALDI, *Annales*, ad an. 1335, n° 63.

(2) VALBONNAYS, *Histoire de Dauphiné*, t. II, p. 326-7 : « ..... Item, pro diversis nuntiis missis ad loca diversa, diversis vicibus, pro mandanda et contramandanda cavalgata Burgundiæ, pro persequendis Valdensibus et pro aliis expensis, VIII s. XI d... »

(3) Archives de l'Isère. Comptes de la châtellenie de...... « Item de condempnationibus Valdensium, latis per inquisitorem heretice pravitatis, die XXVI octobris currente an. M°. CCC°. XXX°. VIII°, et die VII novembris an. M°. CCC°. XXX°. IX° et de extimatione in peccunia bonorum confiscatorum dictorum Valdensium, moderatis ipsis condempnationibus et extimatione predictis, ut est in litteris testimonialibus ipsius inquisitoris, dictas condempnationes et confiscationes continentibus, continetur usque ad cc florenos in totum : pro parte domini in dictos cc florenos contingente ipsi domino, c florenos ; valent c solid. grossos. Reddidi ipsas litteras signatas dicto inquisitori et manu sigilatas. »

fut chargé de l'exécution des arrêts prononcés par l'inquisiteur, notamment de faire exhumer les Vaudois morts
dans l'hérésie pour les faire brûler publiquement. Un de ces
autodafés eut lieu le 15 novembre 1339, et l'exécuteur des
hautes œuvres reçut pour sa peine 5 sous (1). Quelques
Vaudois du Queyras furent aussi arrêtés et renfermés dans
le château de Briançon : Guigues Leuczon, châtelain du
Queyras, paya 21 sous pour la nourriture des prisonniers.
Un nommé Rifle et sa femme furent condamnés à une
amende ; mais ils abjurèrent et sollicitèrent de l'archevêque
d'Embrun la remise de leur peine, qui fut réduite à 66 sous,
8 deniers (2).

Humbert II n'eut garde de renoncer à poursuivre les Vaudois. Il faisait alors les préparatifs de sa croisade et se trouvait dans un besoin pressant d'argent. Le 22 mars 1345, il
envoie de Grenoble une lettre au frère Ruffin, de l'ordre des
Frères Prêcheurs, inquisiteur de la foi en Lombardie, par
laquelle il l'autorise à exercer ses fonctions dans la partie du
Dauphiné qui est de son ressort ; il lui attribue un traitement
de 60 florins d'or par an et une indemnité de 15 gros d'argent
par jour, à condition toutefois que le produit des confiscations revienne intégralement au fisc delphinal. Quelques
semaines plus tard, le Dauphin faisait sceller des lettres
patentes ordonnant à tous les baillis, juges, châtelains et au-

---

(1) Ibid. « Item deducuntur que solvi cuidam carnacerio appellato
Johanno Dydelini, qui pro executione sentencie late contra hereticos
mortuos per dominum inquisitorem, ut ossa ipsorum exhumarentur,
deinde comburerentur, ipsa ossa concremavit die XV novembris proxime preteriti..... V sol. gr.. » — Cette note et la précédente m'ont été
communiquées par M. Gauduel, qui a fait aux archives de l'Isère de
nombreuses et fructueuses recherches sur les Vaudois. Voir : ALEXAN-
DRE LOMBARD, *Pierre Valdo et les Vaudois du Briançonnais*, Genève,
1880, in-18 (29 pages), p. 18-9.

(2) Notes de M. Gauduel. Cf. LOMBARD, op. cit., p. 19.

tres officiers du Dauphiné de prêter main forte à l'inquisiteur et d'incarcérer ceux qu'il soupçonnerait d'hérésie (1).
On le voit, les hérétiques étaient surveillés de près dans les
états du Dauphin. Le 21 novembre 1347, à Quirieu (-sur-
Rhône), un hérétique du nom de Vicard fut, sur les réquisi-
tions d'Orland Rodolphe, procureur, condamné à être brûlé
vif (2). Humbert II séjournait alors à Avignon, auprès du
pape Clément VI. Il écrivit le 2 janvier 1348, de Villeneuve,
aux baillis, juges et procureurs de l'Embrunais et du Briançonnais pour leur rappeler les ordres qu'il avait déjà donnés
et leur enjoindre de seconder de tout leur pouvoir, avec zèle
et diligence, les efforts de l'archevêque d'Embrun contre les
Vaudois, pour l'exaltation de la foi catholique et l'abaisse-

---

(1) Archives de l'Isère, B, 3244, f° 44 : « Humbertus, Dalphinus Viennensis, venerabili patri in Christo fratri Ruffino, publico inquisitori.....
Concedentes vobis igitur, vestre paternitatis discretam et sollicitam ami-
citiam caris affectibus deprecando, quatenus loca Vallisclusonis et alia
quecunque nostra, infra limites commissi vobis officii existentia, vigili
cura hujus nequam heresis maculate contagio adeo abstergere vobis
placeat et purgare quod eo prorsus extencto nostre sancte fidei catholice jubar possit clarius elucere, statuentes vobis singulis diebus quibus
in terra nostra circa officium predictum vos vacare contigerit, quindecim grossos turonenses argenti cum O rotundo, vel eorum valorem, pro
vestris et socii, notariorum et famulorum vestrorum cotidianis sumpti-
bus et expensis, et ultra pro vestiario et salario vestris et predictorum
socii, notariorum ac famulorum vestrorum, ut omnis corruptele et cu-
piditatis tollatur ambitus, sexagenta florenos auri, per annum, vobis
existentibus in terra nostra pro predicto officio concedimus et donamus,
ita tamen quod in quibuscunque confiscationibus hereticorum terre
mee predicte nullam partem, portionem seu jus aliquod quomodolibet
habeatis,..... sed ad nos pertineant in solidum et in toto..... Datum Gratianopoli die XXII mensis marcii anno nativitatis Domini M°.CCC°.XL°.
quinto.....

(2) Archives de l'Isère. Comptes de la châtellenie de Quirieu « Item
deducuntur pro minjayllis dicti Vicardi heretici qui fuit combustus... »
(Note de M. Gauduel).

ment de l'hérésie (1). Mais les calamités inouïes qui vinrent fondre tout à coup sur la province et y répandre la désolation firent perdre un instant de vue les sectaires des Alpes. La terrible peste noire avait fait son apparition en Dauphiné ; elle y exerça ses ravages pendant six mois et enleva un tiers de la population (2). Le peuple, toujours crédule et prompt à trouver une cause à ses maux, tourna sa fureur contre les juifs, qu'il accusait d'avoir empoisonné les fontaines. Clément VI éleva la voix en faveur des restes de l'ancien Israël (3).

On était à peine sorti de cette épreuve, qui avait mis le deuil au cœur de toutes les familles, que l'autorité ecclésiastique reporta ses regards vers les retraites escarpées, d'où les Vaudois semblaient braver toutes les puissances terrestres. Le pape Clément VI écrivit d'Avignon, le 7 mars 1352, à tous les évêques, abbés, ecclésiastiques, seigneurs, juges et communautés de venir en aide à Guillaume de Bordes, archevêque d'Embrun : « Nous avons ordonné, dit-il, à Guillaume, « archevêque d'Embrun, et à Pierre de Monts, Frère Mineur, « inquisiteur du lieu et des provinces voisines, de les purger « de l'hérésie dont elles sont infectées..... C'est pourquoi

---

(1) Valbonnays, t. I, p. 346, et t. II, p. 570-1 : « ... Vobis... mandamus quatenus quandocunque per R. in Christo patrem Dei gratia archiepiscopum Ebredunensem seu officiarios ejusdem fueritis requisiti, eisdem contra Valdenses et hæreticos quoscunque, ad hoc quod fides orthodoxa suscipiat incrementum et hæretica pravitas deprimatur, de ipsis quoque Valdensibus et hæreticis debita ministretur justicia, ope, consiliis et auxiliis, cum quacunque poteritis diligentia et efficacia sollicitudinis, assistatis. Datum in Villa Nova Sancti Andreæ, prope Avinionem, sub annulo nostro secreto, in absentia cancellarii nostri, die 2 mensis januarii, an. nativitatis Domini 1348..... »

(2) Voir nos *Mémoires des frères Gay*, Montbéliard, 1888, in-8°, p. 348.

(3) Raynaldi, *Annales.* ad an. 1348, n° 30-35. — Wading, *Annales fratrum minorum*, ad an. 1348, n° 2. — Prudhomme, *Les juifs en Dauphiné*, p. 28-9, et *Histoire de Grenoble*, p. 198.

« nous vous prions et vous mandons de les assister de vos
« conseils, de leur donner secours, guides et escortes, même
« à vos dépens s'il est besoin. » De semblables lettres furent
adressées au Dauphin Charles, à la reine Jeanne et à son
époux Louis de Tarente (1).

En 1365, les poursuites contre les Vaudois prirent un caractère de violence qu'on n'avait point connu jusqu'alors ; on
peut dire qu'à partir de cette époque et durant près de deux
siècles, sauf à de rares intervalles, ce ne fut plus qu'une lutte
terrible entre catholiques et Vaudois : on semblait se préparer
de longue main aux guerres religieuses du XVIᵉ siècle. Les
comptes des châtelains de l'Embrunais et du Briançonnais
nous révèlent de tristes détails sur les années 1365 et 1366. Des
bandes de soldats, ou plutôt d'aventuriers, payés par le fisc,
allaient à la recherche de ceux que l'inquisition avait déclarés
hérétiques et contre qui elle avait lancé des mandats d'amener. Quatre soldats, qui avaient arrêté et conduit à Briançon
chez l'inquisiteur les nommés Jean Chabrel et Jean Hugon,
reçurent 9 gros pour leur salaire. La dépense totale de deux
expéditions dans les montagnes, l'une composée de 55 hommes, l'autre de 53, organisées toutes deux par ordre de l'inquisiteur, s'éleva à la somme de 27 sous (2). Frère François
était l'inquisiteur et Pierre Alphand, son secrétaire. Le juge
du Briançonnais se nommait alors Guillaume Henri. Ces
personnages prononcèrent pendant ces deux années de nombreuses condamnations : une vingtaine d'hérétiques furent

---

(1) RAYNALDI, *Annales*, ad an. 1352, nº 20 ; — CHARRONNET, *Les guerres de religion et la société protestante dans les Hautes-Alpes.* Gap,
1861, in-8º, p. 2.

(2) Archives de l'Isère. Comptes de la châtellenie de..... « ..... Item
misit in montaneis in mense madii, an. Mº. CCCº. LXVº., una vice
LV homines et infra secundo LIII clientes, causa capiendi plures hereticos, de precepto dicti inquisitoris, quia fugerant et se excenderant in
dictis montaneis, et solvit per eumdem pro uno XXVII solidos...» (Note
de M. Gauduel).

brûlés et leurs biens vendus aux enchères ; quelques-uns firent un séjour plus ou moins long dans les cachots ; d'autres recouvrèrent la liberté en abjurant leurs erreurs. Les comptes nous apprennent ce que coûtaient au trésor non seulement le salaire des soldats, la nourriture des prisonniers (*pro minjay-llis dicti Vicardi heretici qui fuit combustus*), mais encore le bois employé pour les bûchers. Pour inspirer aux populations une salutaire terreur, on exhumait les restes des Vaudois morts dans l'hérésie et on les brûlait publiquement (1).

Grégoire XI, en 1372, fit lui aussi de nombreux efforts pour achever de détruire cette hérésie, dont le fer et le feu ne

---

(1) Voici quelques détails recueillis ça et là dans les comptes des châtelains par M. Gauduel : « Jean Granet et sa femme. De leurs biens confisqués, il a été vendu trois vaches et deux veaux pour 10 florins, dont le châtelain fit recette. — Guillaume Pelat et Guillaume Bérard furent brûlés vifs. Pelat avait une vache et un veau qui furent vendus à Barthélemy Alphand. Le supplice de ces deux Vaudois eut lieu en même temps que celui de Rudan et de la mère de ce dernier, sur le même bûcher. — Guillaume Long et sa femme furent brûlés vifs. Leur vache fut vendue à Guillaume Breton. — Jean Long, de St-Martin de Queyrière, fut arrêté à son domicile par le châtelain Chaix et le notaire Alphand, assistés de 6 soldats. Il fut brûlé vif avec Guillaume Roman, des Arnauds. Barthélemy Hugon, de Puy-St-Romain, achète ses deux vaches, et Jean Chabrel achète ses vêtements, qui étaient en drap blanc. — Martin Chabrel fut aussi brûlé vif. On trouva dans son escarcelle deux florins. — Jean Blanchard, syndic du Val-des-Prés et de Montjean, fut condamné à payer une amende de 5 florins pour avoir facilité l'évasion des hérétiques de ces localités, qui étaient condamnés au supplice du feu. — Jean Violin des Gros fut aussi brûlé vif, avec Martin Chabrel. Le bois acheté pour leur bûcher coûta 2 sous 6 deniers. — « De vino quod crescit in vineis Bartholomee, uxoris Petri juvenis combuste, quas excolere fecerat dictus Franciscus per manum Hugonis Perrini expensis domini, non computat quia affirmavit quod dictum vinum repositum in vasis in domo dicte Bartholomee fuit perditum et dicta domus combusta per alios hereticos de nocte. — Item pro exhumandis et comburendis ossibus plurium personnarum condempnatarum per dominum inquisitorem... » (LOMBARD, op. cit., p. 23-7).

pouvaient avoir raison et qui, après les plus violentes tempê-
tes, reparaissait bientôt forte et menaçante. Il institua des
tribunaux ecclésiastiques pour présider à cette œuvre et écrivit
à l'archevêque d'Embrun, à l'évêque de Valence, au gouverneur du Dauphiné et à Amédée, comte de Savoie, les suppliant de prêter leur concours au zèle des inquisiteurs de la
foi (1). Parmi ces derniers, celui qui s'est acquis le plus
grand renom de sévérité et dont la mission a laissé le plus de
traces dans les souvenirs, est le Frère Mineur François Borelli, de Gap. Le pape d'Avignon, Clément VI, l'avait nommé
inquisiteur en même temps que l'évêque de Massa di Carrara
et avait étendu leurs juridictions sur les provinces d'Arles,
d'Aix, de Vienne et d'Embrun (2). Borelli exerça sa redoutable charge durant treize ans et il fut puissamment secondé
dans l'Embrunais par le juge mage Jean du Rif. Les Vaudois
furent cités à comparaître devant l'inquisiteur pour répondre
sur les erreurs et les crimes qui leur étaient imputés ; mais ils
refusèrent de se présenter et plusieurs d'entre eux, prévoyant
sans doute le sort qui les attendait, prirent le parti de quitter
le pays. Enfin, après avoir vainement attendu pendant dix-
huit mois, Borelli en vint aux mesures extrêmes : le 1er juillet
1380, du haut de la chaire de la cathédrale d'Embrun, il condamna et livra au bras séculier 108 Vaudois de Vallepute,
32 de l'Argentière et 29 de Fressinières : la justice séculière
devait les faire arrêter et procéder contre eux, sans toutefois
aller jusqu'à les condamner à mort ou à la mutilation des
membres. Quant aux fugitifs ils étaient d'ores et déjà déclarés hérétiques (3).

---

(1) RAYNALDI, *Annales*, ad an. 1372, n° 34.

(2) JEAN-PAUL PERRIN, Lionnois. *Histoire des Vaudois*. Genève, 1619,
in-8° (248 pages), p. 113-5. — Les lettres de pouvoirs accordées à Borelli sont datées d'Avignon, le 14 août 1376. Elles furent vérifiées et
reçues par le Conseil delphinal, à Grenoble, le 8 décembre suivant (Archives de l'Isère, B, 3271, f° 24).

(3) Voir aux pièces justificatives, n° 1.

Les comptes des châtelains sont encore pour cette période une source féconde en précieux renseignements. L'inquisiteur avait à ses ordres un certain nombre de gens armés, payés sur le trésor et qui devaient procéder à l'arrestation des hérétiques dénoncés. Pierre Robin, châtelain d'Embrun, paya, le 27 novembre 1382, 25 florins à Girard Burgaron, capitaine de 22 soldats, sur l'ordre de frère François, des Frères Mineurs, pour la capture de plusieurs Vaudois entachés de perversité hérétique, capture qui réclama neuf jours (1). Les soldats,

(1) Archives de l'Isère. « ..... Item solvit Girardo Burgarionis, capitaneo XXII brigandorum, pro stipendiis suis in capiendo plures Valdenses culpabiles heretice pravitatis, pro executione de ipsis facienda, de precepto fratris Francisci, ordinis minorum, inquisitoris heretice pravitatis, ut constat per suam certificationem scriptam die XXVII novembris an. M°. CCC°. LXXX°. II°..... XXV florenos.... — Solvit Guillete, relicte defuncti Tronni, pro venditione certorum lignorum emptorum pro comburendo tres Valdenses, qui fuerunt combusti subtus rupem Ebreduni, per quittantiam dicte Guillete scriptam X februarii M°. CCC°. LXXX°. II°..... III florenos..... — Item pro alimentis seu expensis certorum Valdensium qui fuerunt in carcere dicti palatii donec fuerunt combusti, videlicet : Johannis Ucrissoni, Margarite uxoris Turnati de Valleputa et de Podio Sancti Romani, et Berthe Bonadelli, qui fuerunt combusti subtus rupem, per VII ebdomadas et ultra, valentes XLIX dies. — Item, Alfanda, filia Hugonis Alfandi, per II menses facientes LX dies ; Johannes Dragoneti, per novem menses facientes CCLII dies et Johanna, uxor Stephani, domini de Podio Sancti Romani, per unum mensem valentem XXX dies, qui tres fuerunt combusti in Valleputa et bona eorum confiscata domino Dalphino : pro toto CCCCIX dies valentes, juxta taxationem inquisitoris, videlicet ad rationem pro qualibet personna unius parpallolie pro die, per certificationem dicti inquisitoris superius redditam : MM.CCCC.LIIII parpallolies, valentes XVIII parpallolies pro uno floreno, computat CXXXVI florenos..... — Item dicto Petro Robini, pro suis labore et expensis, in persequitione dictorum Valdensium et captione eorumdem, quibus vacavit cum IIIIor equis per duos menses, ut asseruit suo instrumento, ad rationem pro qualibet die X solidorum, juxta taxationem antiquam de XX solidis pro floreno, valentes XXX florenos Delphinales. » (Communication de M. Gauduel).

paraît-il, s'acquittaient de leur tâche avec une implacable rigueur. Le nombre des hérétiques arrêtés fut si considérable « que les prisons en étant remplies, il fallait recourir aux « charitez des peuples pour les y faire subsister. Le pape, « ajoute Chorier, exhorta le Gouverneur du Dauphiné, le « Conseil Delphinal et généralement tous les fidèles de s'in- « téresser à ce soin. Il permit aussi aux Frères Mineurs de « s'établir dans la Vallepute et d'y bâtir un couvent, le pro- « grès que la saine opinion commençait à y faire lui en « ayant inspiré la pensée. Mais ce dessein fut changé depuis ; « la ville de Briançon ayant été honorée de cet établisse- « ment (1). » Il est impossible de dire s'il y eut beaucoup d'hérétiques condamnés au feu. Le 10 février 1382, notre châtelain Pierre Robin paya 3 florins à Guillette, veuve de Jacob Trone pour le prix du bois destiné au bûcher de trois Vaudois suppliciés sous la roche d'Embrun. Ces Vaudois se nommaient Jean Ucrisson, Marguerite, femme Tournat, de Vallepute et de Puy-Saint-Romain, et Berthe Bonadel. Ils étaient demeurés prisonniers à Embrun pendant 49 jours. D'autres Vaudois furent aussi brûlés à Vallepute, entre autres : Alfande, fille de Hugues Alfand, après deux mois de déten- tion ; Jeanne, femme d'Etienne, seigneur du Puy-St-Romain, après un mois, et Jean Dragonet, après neuf mois. Leurs biens furent confisqués et vendus (2). Jean Brunet, seigneur de l'Argentière, auteur d'un *Mémoire historique et critique sur le Briançonnais*, raconte que les plus opiniâtres de ces hérétiques « se voyant livrés au bras séculier, s'attroupèrent « au fond de la vallée, dans des rochers (qui ont gardé le « nom de Balme des Vaudois), où ils se retranchèrent et y « demeurèrent près de trois ans. Comme ils étaient environ « deux cents et que pour subsister ils ravageaient toute la

---

(1) Chorier, t. II, p. 392.
(2) Voir la note de la page 24.

4

« communauté, Montmaur, gouverneur du Dauphiné, eut
« ordre de les attaquer et de faire exécuter les jugements des
« inquisiteurs ; ils furent entourés et ne pouvant recevoir
« ni aller chercher des vivres, se voyant perdus sans res-
« source, ils prirent le parti de se précipiter tous du haut
« d'un rocher escarpé nommé Chapelue, à cause de leurs
« chapeaux qui en tombant y restèrent. La plupart de ces
« malheureux se tuèrent dans la chute ; les restes mutilés et
« estropiés furent pris et brûlés vifs, sans que cette sanglante
« exécution empêchât les assemblées vaudoises, qui ne furent
« pas moins fréquentes quoique plus secrètes, et qui donnè-
« rent lieu à d'autres poursuites (1). »

Les violences dont nous venons de retracer le triste tableau n'étaient assurément pas de nature à procurer la conversion des malheureux Vaudois. « L'expérience nous
apprend assez que le fer, les flammes, l'exil et les proscrip-
tions sont plus capables d'irriter que de guérir un mal, qui
ayant sa source dans l'esprit, ne se peut soulager par des remèdes qui n'agissent que sur le corps (2). » La conversion d'une
âme est une œuvre toute surnaturelle, et si l'homme doit ici
préparer les voies au Seigneur, rendre droits les sentiers, ce
ne peut être que par la prière, la persuasion, la charité.
Tout ceci est très vrai ; mais pour juger sainement la conduite de la société du moyen âge à l'égard des hérétiques, il
faut se placer à un autre point de vue et se rappeler quelques

(1) JEAN BRUNET, *Recueil des actes, pièces et procédures concernant
l'Emphitéose perpétuelle des Dîmes du Briançonnois, avec un Mémoire
historique et critique pour servir de préface.* S.l. 1754 (278 pp.), p. 55-
7. Cet auteur réunit ici deux épisodes de l'histoire des Vaudois : l'expédition de Jacques de Montmaur et l'affaire de la caverne du rocher de
Chapelue ; cette dernière affaire eut lieu plus tard, comme nous le
dirons bientôt.

(2) DE THOU, *Histoire universelle depuis 1543 jusqu'en 1607.* Lon-
dres, 1734, in-4°, t. I<sup>er</sup>, p. 313.

principes qui, dans le courant d'idées où nous vivons, ont cessé de nous être familiers. On ne peut nier qu'une société n'ait le droit de se défendre contre les envahissements de l'erreur, les théories subversives; ce droit est inhérent à sa constitution ; ce droit est une condition de son existence. Or, la société d'alors était toute pénétrée des doctrines catholiques ; elle vivait de la vie même de l'Eglise et considérait comme le premier de ses biens la conservation de sa foi. Les hérétiques étaient donc pour elle les pires ennemis : le premier et le plus sacré de ses devoirs était de les combattre. Telle était la doctrine acceptée sans hésitation par tout ce que le moyen âge a possédé d'hommes vertueux et savants; doctrine qui était reconnue et sanctionnée par toutes les législations de cette époque. Qu'il y ait eu maintenant dans la poursuite et la répression de l'hérésie des rigueurs impitoyables, de trop cruelles mesures, des excès, nous n'avons aucune peine à le reconnaître ; mais tout le monde en conviendra, il n'est pas toujours facile d'assigner au droit de la défense la limite précise qu'il ne saurait franchir sans violer la stricte justice : il y a ensuite une foule de circonstances secondaires qui nous échappent, et dont pourtant il faudrait tenir compte pour porter dans ces difficiles questions un jugement sûr et définitif.

Cependant la divine Providence n'abandonna pas les Vaudois au milieu de leurs douloureuses épreuves. Pour panser les plaies encore ouvertes, pour calmer l'irritation de ce malheureux peuple, sans doute plus ignorant que coupable, elle envoya vers ces régions désolées un véritable apôtre, un saint, qui ne respirait que la charité de l'Evangile. En l'année 1402, S. Vincent Ferrier parcourut en missionnaire les fameuses vallées du diocèse d'Embrun. C'était vraiment le messager du Christ ; la terreur ne marchait pas devant lui ; par la persuasion, par la bonté, il tâchait d'éclairer et de ramener au bercail ces pauvres égarés. Son passage à travers nos contrées fut pour tous une lumière et une consolation ; le souvenir de cet homme de Dieu s'est perpétué jusqu'à nos jours dans les traditions du pays (1). Nous possédons encore une lettre qu'il écrivait de Genève, le 17 décembre 1403, au général de son ordre pour lui rendre compte de ses missions en Dauphiné et dans les pays voisins. Nous en reproduirons ici quelques passages, qui seront lus avec intérêt : « ..... Vous « saurez donc, mon Révérend Père, qu'après avoir quitté « Romans et m'être séparé de vous la dernière fois, j'ai par- « couru pendant trois mois entiers le Dauphiné, prêchant « durant ma tournée le royaume de Dieu dans les villes et les « villages où je n'avais pas encore prêché. J'ai surtout visité « ces trois fameuses vallées, habitées par les hérétiques, dans « le diocèse d'Embrun. L'une est appelée Luserne, l'autre « Argentière, et la troisième Vallepute. Déjà je les avais « visitées deux ou trois fois et par la grâce de Dieu, elles « avaient reçu avec beaucoup de dévotion et de respect la « doctrine de la vérité catholique ; mais pour les confirmer « dans la foi, j'ai voulu les visiter de nouveau...... J'ai remar- « qué que la principale cause des erreurs et des hérésies était « le manque de prédications. C'est ainsi que je l'ai claire- « ment appris par les habitants eux-mêmes. Personne depuis « trente ans ne leur avait prêché, si ce n'est des hérétiques « vaudois, qui habituellement venaient d'Apulca chez eux « deux fois par an. Je considère d'après cela, Révérendissime « Maître, combien grande est la faute des prélats et des au- « tres qui par leurs charges et leurs professions doivent prê- « cher à ces peuples et qui veulent plutôt dans les grandes « villes se reposer en de belles chambres, entourés d'amuse- « ments. Cependant les âmes que Jésus-Christ à voulu sau- « ver par sa mort, les âmes périssent parce qu'elles n'ont

---

(1) JEAN BRUNET, op. cit., p. 59 : « Ce saint a une église et est parti- culièrement honoré à Vallouise ; quelques anciens manuscrits et une tradition constante ne laissent pas douter de ses missions du temps des Vaudois. »

« point de prêtres. Il n'y a personne pour rompre le pain à
« ces enfants ; la moisson est abondante, les ouvriers sont
« rares. Je prie donc le Maître de la moisson d'envoyer dans
« son champ de nombreux ouvriers (1)... »

Les prédications de S. Vincent Ferrier dans les vallées
Vaudoises produisirent tout au plus l'effet de ces fraîches
rosées qui réjouissent quelques heures la terre sous les climats
brûlants. La bonne semence jetée dans les âmes n'eut pas le
temps de germer et de prendre racine. On était à l'époque du
grand schisme ; l'hérésie se réveilla plus active et plus forte,
bénéficiant des désordres qui tourmentaient l'Eglise. Tous les
papes du moyen âge se sont préoccupés du triste état de nos
provinces au point de vue religieux. Par une bulle donnée à
Pise, le 30 août 1409, première année de son pontificat,
Alexandre V maintint frère Ponce Feugeyron, de l'ordre de
St-François, dans la charge d'inquisiteur qu'il exerçait depuis
quelque temps dans les provinces ecclésiastiques d'Arles,
d'Aix, de Vienne et d'Embrun ; il lui recommanda de dé-
ployer son zèle pour ramener au giron de l'Eglise les nombreux schismatiques et surveiller les juifs qui pratiquaient
leurs rites impies et dogmatisaient en secret. Le pape ajoutait : « Il y a encore dans ces régions, confiées à votre solli-
« tude, un nombre considérable de chrétiens et de juifs sor-
« ciers et devins. Ils pactisent avec les démons ; ils font des
« enchantements, jettent des sorts, se livrent à des pratiques

---

(1) *Vita Sancti Vincentii Ferrerii* auctore Petro Ranzano, dans Bol-
land., *Acta SS.*, Aprilis, t. I, p. 495 : « Fuit a viro Dei constitutum ut
non amplius Vallis-Puta, sed, mutato nomine, Vallis-Pura vocaretur. »
Cet auteur qui écrivait en 1455 et qui paraît néanmoins quelque peu
crédule, nous fait un curieux tableau des mœurs des habitants de Vallepute :«.... Gens quædam fere barbara, quæ erat tot malorum labe infecta
quod quicunque ex eis non vacaret lasciviæ aut non vixisset ex rapto, vel
non fuisset humani sanguinis effusione delectatus, aut non fuisset ma-
gicarum artium præstigiis infectus, eis nequaquam cohabitare posset...»
— Voir César Cantu, *Les hérétiques d'Italie*, Paris, 1870, c. IV, p. 470.

« superstitieuses et se mêlent de découvrir l'avenir : ce sont
« là autant de choses prohibées, condamnées, au moyen des-
« quelles ils agissent sur les esprits faibles, les séduisent et
« les précipitent dans de honteux désordres (1). » Le 12
octobre de la même année, le pape écrivait encore à son légat
en Lyonnais, Dauphiné et Provence, lui enjoignant de
seconder les efforts de l'inquisiteur et de lui fournir l'argent
nécessaire pour pousser sa mission avec activité (2). Ponce
Feugeyron se mit à l'œuvre ; Louis Ier, Dauphin, lui accorda
des lettres de sauvegarde le 2 mai 1412 (3). Martin V lui
reconnut son titre d'inquisiteur par lettre du 3 février 1418,
et l'année suivante, le 10 septembre, il lui adjoignit comme
collègue Pierre Fabre, des Frères Mineurs, évêque de Mar-
seille. Ce dernier, qui avait fait partie de l'obédience de
Benoît XIII, avait été pourvu par le supérieur de son ordre
de la charge d'inquisiteur en Dauphiné et en Provence, à la
place d'Antoine Aillaud, religieux du même ordre, que l'âge
et les infirmités condamnaient au repos (4). Sous Eugène IV,
nous retrouvons encore Ponce Feugeyron à la tête de l'inquisition en Dauphiné : une bulle du 24 février 1434 lui renou-
velle ses pouvoirs et appelle encore son attention sur les
sorciers et les devins, le plus grand fléau de nos pays (5).

En effet, un vent de folie soufflait alors sur nos montagnes;
le haut Dauphiné et la Savoie étaient devenus tout à coup le
théâtre de scènes étranges, diaboliques, de crimes abominables, contre nature, et de monstrueuses horreurs que l'imagination a peine à concevoir et que la langue française se refuse
à dire. Un grand nombre de personnes de tout sexe, de tout
âge furent arrêtées comme coupables et traduites devant les

(1) Wading, *Annales Fratrum Minorum*, ad an. 1409, n° 11.
(2) Wading, op. cit., ib. n° 13.
(3) Archives de l'Isère, B, 3290, f° 263.
(4) Wading, op. cit., ad an. 1418, n° 1 et 1419, n° 1-2.
(5) Wading, op. cit., ad an. 1434, n° 2-3.

tribunaux ecclésiastiques ; elles avouèrent avoir renié Dieu
et rendu hommage au diable, qui se montrait dans leurs
assemblées tantôt sous la forme d'un nègre, tantôt sous celle
d'un chien noir ; elles avouèrent s'être rendues coupables de
mille profanations sur la croix ou le corps du Christ et
avoir pris l'engagement, avec serment, de ne rien révéler
de ces mystères de Satan (1). Ces faits provoquent de douloureuses réflexions. L'hérésie avait jeté ces malheureux
peuples hors de la voie où une autorité enseignante, divine-
ment instituée, a pour mission d'éclairer l'homme sur ses
vraies destinées, et de le fortifier contre les défaillances et le
désespoir. Abandonnés à eux-mêmes, ayant devant eux la
perspective d'un bûcher, il n'est pas étonnant qu'ils se soient
lancés, tête baissée, dans de honteuses et superstitieuses pratiques, où une imagination exaltée leur faisait entrevoir quelque adoucissement à une vie de misère et de souffrance (2).

---

(1) Il existe aux archives départementales de l'Isère un des registres
qui contenaient le texte des sentences de condamnation prononcées par
le juge maje du Briançonnais, contre les sorciers et sorcières de ce
pays. Ce précieux registre, intitulé *Quintus liber fachureriorum*, se com-
pose de 526 f⁰ˢ de papier : haut., 0.34 ; larg., 0.25. La plupart des
pièces qu'il renferme se rapportent à l'année 1437. On voit qu'un
nombre considérable de personnes de tout sexe furent alors accusées du
crime de sorcellerie. Le nom de *fachuriers*, sous lequel on les désignait, a aujourd'hui encore dans la Provence la signification de sorcier.
(Voir Mistral, *Dictionnaire Provençal-Français*, t. I, p. 1086 ; *Fachinié,
Fachintero*). Quelques extraits du registre que nous signalons peuvent se
lire dans l'ouvrage suivant : *Inscription en faux, par messire* Gabriel
Martin, *abbé de Clausone, contre le livre intitulé De la puissance du Pape
et des libertés de l'Esglise Gallicane, mis en lumière par sieur* Marc
Vulson, *jadis conseiller en la Chambre de l'Edit de Grenoble.* A Grenoble,
M.DC.XXXX. In-8°, 314 pp. et 2 non chiffrées (p. 289). Nous repro-
duisons plus loin aux pièces justificatives, n° 11, douze pages de ce curieux registre : cet extrait suffira pour donner une idée de tout le reste.
(2) Vers le même temps les personnes accusées de sorcellerie étaient
très nombreuses, tant en Dauphiné que dans le reste de la France. Le

Ce phénomène du reste s'est reproduit plus d'une fois dans
le cours de l'histoire.

---

registre B, 2972, f°¹ 580-6, des archives de l'Isère, contient le procès
d'un certain Pierre Vallin, dit Perrin, de Sainte-Blandine, mandement
de la Tour-du-Pin, homme ou vassal d'Eléonore de Grolée, dame de
Tournon et parière de la Tour-du-Pin ; nous donnons aux pièces justificatives la sentence par laquelle il est livré comme sorcier au bras
séculier. — C'était la mode alors de voir à peu près partout des sorciers, et comme ils étaient particulièrement nombreux dans les Alpes
Vaudoises, on les désignait communément sous le nom de *Vaudois*.
*Vauderie* devint synonyme de *sorcellerie*, et cela dans tous les pays en-
vironnants. Les *Chroniques* de MONSTRELET (collection BUCHON, t. VII,
p. 28), rapportent en français une bulle du pape Eugène IV, donnée à
Florence le 10 avril 1439 (lisez 1440), contre ceux qui tenaient le concile
de Bâle ; Eugène y accuse Amédée VIII, duc de Savoie, que le concile de Bâle venait d'élire pape, après l'avoir déposé lui-même, de s'être
laissé séduire par des sorciers, frangules, straganes ou vaudois qui abon-
dent dans son pays, et de s'être servi de leur aide pour l'exécution de
ses coupables projets. L'authenticité de cette bulle est peut-être fort
douteuse. — Dans le *Champion des Dames*, ouvrage composé en l'an
1440, par maître Pierre le Franc, prévôt de l'Eglise de Lausanne et
dédié à Philippe le Bon, duc de Bourgogne, il est dit qu'un grand nombre de femmes étaient coupables de sorcellerie ou *vauderie*. Voir aux
pièces justificatives, n° 4, un fragment de ce curieux poème. — Au
mois de juillet 1452, une femme étrangère fut arrêtée à Dijon et accusée de vauderie ; elle confessa une foule de crimes. Le procès-verbal
de cette aventure a été publié par M. Félix BOURQUELOT : *Les Vaudois
du quinzième siècle*, dans la *Bibliothèque de l'Ecole des Chartes*, 2ᵉ
série, t. III (1846), p. 81-109 (p. 90-3). — Les *Mémoires* de Jacques Du
CLERQ (dans la collection MICHAUD et POUJOULAT, t. III, p. 623-33), nous
fournissent de fort curieux détails sur un certain nombre de Vaudois
d'Arras qui furent condamnés en 1459 par Pierre de Broussard, jacobin,
inquisiteur, livrés au bras séculier et brûlés. On y lit entre autres les
lignes suivantes : « Que quand ils vouloient aller en ladite Vauderie ils
se oignoient d'un oignement que le diable leur avoit baillé ; ils en frot-
toient une verge de bois bien petite et des palmes en leurs mains, met-
toient icelle verguette entre leurs jambes, s'envoloient où ils vouloient et
les portoit le diable au lieu où ils debvoient faire ladite assemblée ; en
ce lieu où ils trouvoient les tables mises chargées de vins et de viandes

André de Malvenda et Bertrand Tramès étaient inquisiteurs en Dauphiné vers le milieu du XV⁴ siècle. Ils eurent

et ung diable en forme de boucq à queue de singe et aulcune forme
d'homme. Là faisoient oblation et hommage audict diable et l'adoroient,
luy donnoient aulcuns leurs âmes ou du moing quelque chose de leurs
corps ; puis baisoient le diable en forme de boucq au derrière, avec
candelles ardentes en leurs mains..... Après cet hommage, ils mar-
choient sur la croix..... et après qu'ils avoient tous bus et mangiez,
ils prenoient habitation carnelle ensemble et même le diable..... » Il
paraît que ces aveux avaient été arrachés par la torture et n'étaient
point conformes à la vérité, car le parlement de Paris, par un arrêt du
20 mai 1491, cassa le jugement et réhabilita la mémoire de ces malheureux qui avaient péri sur le bûcher. — Nous avons sous les yeux
l'édition de 1511 du *Fortalicium fidei* (de la bibliothèque de M. Augus-
tin Belmont); les bibliographes ne sont point d'accord sur le nom de
l'auteur. (Cf. QUÉTIF ET ECHARD, *Scriptores ordinis Prædicatorum*,
t. II, p. 61 ; — BRUNET, art. *Fortalicium fidei*, t. II, p. 312 de l'éd. de
1842), mais on sait qu'il écrivait en 1460 et 1461. Nous y trouvons ce
passage (f° CCCLV): « ..... et quia nimium habundant tales perverse
mulieres in Delphinatu et in Gaschonia, ubi se asserunt concurrere de
nocte in quadam planitie deserta, ubi est aper quidam in rupe, qui
vulgariter dicitur *el boch debiterne*, et quod ibi conveniunt cum candelis accensis et adorant illum aprum osculantes eum in ano suo. Ideo
capte plures earum ab inquisitoribus fidei et convicte ignibus combu-
runtur. Signa autem combustarum sunt depicta, qualiter scilicet adorant cum candelis predictum aprum, in domo inquisitoris Tholosani, in
magna multitudine camisearum, sicut ego propriis oculis aspexi. » L'auteur, dans un chapitre intitulé : *Quomodo illudunt feminas que bruxe vel
xurgumine nuncupantur* (f° CCCLXIIII, v°), veut expliquer ces phéno-
mènes diaboliques et comment en particulier les sorcières étaient con-
duites au sabbat. « Veritas autem hujus facti est quod, quando iste
male persone volunt uti his pessimis fictionibus, consecrant se cum
verbis et unctionibus dyabolo, et statim dyabolus recipit eas in opere
suo et accipit figuram earum et fantasiam cujuslibet earum, ducitque
illas per illa loca per que desiderabant ; corpora vero earum remanent
sine aliqua sensibilitate et cooperit illa dyabolus umbra sua, ita quod
nullus illa videre possit, et cum dyabolus videt in fantasiis earum quod
impleverunt que volebant, non amovendo ab earum fantasiis dyabolica fantasia que viderunt, reducit illas, imaginationes conjungens cum

5

pour successeur Jean Veyleti, religieux comme eux de l'ordre
de Saint-François. Perrin dit qu'il commença l'exercice de
sa charge en 1460 ; nous savons toutefois que Sixte IV, par
une bulle du 15 janvier 1472 (n.s.), le maintenait à la tête de
l'inquisition dans nos pays et lui donnait les mêmes pouvoirs
que ceux autrefois accordés à Ponce Feugeyron (1). Jean
Veyleti, puissamment secondé par l'archevêque d'Embrun,
déploya dans la poursuite des hérétiques une rigueur qui a
ému les historiens. De leur côté, les habitants des villages
voisins intentaient aux Vaudois des procès pour les contraindre soit à se convertir, soit à vider le pays. La situation de
ces malheureux était devenue intolérable ; ils résolurent de
faire appel à la pitié du roi-dauphin et de lui exposer les
maux qu'ils enduraient. Louis XI entendit leurs plaintes et,
le 18 mai 1478, il faisait expédier des lettres patentes portant:
« Que les manants et habitants de Vallouise, Freissinières,
« Argentières et autres lieux ont exposé au roi qu'aucuns
« religieux mendiants, sous ombre d'office d'inquisiteurs de
« la foy, les ont mis en gehenne et question sans informations
« précédentes, ont pris et exigé fortes sommes et deniers et

---

suis propriis motibus et corporibus, et tollit umbram suam desuper
corporibus earum et statim videre possunt: existentia tamen illarum
nunquam ab illo loco absens fuit, sed solum actio cum ydolo et fantasia fuerunt illis rebus que dyabolus eis presentavit et que fecit pro
qualibet earum. » — « Dans un traité *de Angelis*, dont M. Reiffemberg
a cité quelques fragments dans son édition de Jacques Du Clerc,
d'après un manuscrit in-4° de la Bibliothèque de Bourgogne, coté
845..... dans la première partie, il est parlé de la *griefve malice du
crime de vaulderie, lequel est pire que l'idolâtrie des payens, plus grief
que le péché d'hérésie et que l'infidélité des Sarrasins...* La seconde partie traite des merveilles que le diable fait à la requête des Vaudois. »
F. Bourquelot, op. cit., p. 106. On peut voir dans le même article de
la *Bibliothèque de l'École des Chartes* (p. 102) quelles étaient les lois
au moyen âge contre les sorciers.

(1) Wading., ad an. 1472, n° 24.

« par divers moyens les ont injustement vexés et dépouillés....
« Pourquoy, conclut le roi, après bonne délibération, de
« notre certaine science, gré spécial, pleine puissance et de
« notre autorité delphinale et royale, avons mis et mettons à
« néant, par ces présentes, toutes poursuites et entreprises
« quelconques (1). »

Ces lettres royales n'obtinrent aucun résultat (2). Les Vaudois manifestaient une activité turbulente, une audace qui
ne faisait nullement présager pour un avenir prochain le
rétablissement de la paix. Déjà, plus d'une fois, ils avaient pris
les armes et étaient entrés en lutte contre les représentants
de l'autorité. Jean Veyleti, le célèbre inquisiteur, avait reçu
d'eux diverses blessures, et les conseillers du parlement Jean
de Ventes et Jacques Robertet avaient difficilement échappé
à leurs violences (3). Le successeur de Jean Veyleti, Blaise

---

(1) PERRIN, p. 118-124.

(2) Il existe trois lettres de Louis XI sur le fait des Vaudois. La première éditée par Perrin (*Hist. des Vaudois*, pp. 118-24), est, comme
nous venons de le dire, du 18 mai 1478 ; la seconde semble être du 31
mars 1478 et la troisième est datée du 8 avril 1478. Des copies de ces
trois lettres se trouvent dans les Mss vaudois de la bibliothèque de
l'Université de Cambridge. Deux autres lettres se rapportant aux mêmes
événements, écrites par le gouverneur du Dauphiné, Jean de Daillon,
seigneur de Lude, ont été copiées à la suite des précédentes : la plus
ancienne est en français et datée du 20 avril 1479 ; la plus récente, en
latin et du 29 mai 1479. Cf. *A catalogue of the manuscripts preserved
in the library of the university of Cambridge*. Cambridge. t. I (1856),
in-8°, p. 83.

(3) GODEFROY, *Hist. du roy Charles VIII*. Paris, 1684, in-f°, p. 277.
(Relation de l'affaire des Vaudois attribuée à Albert Cattaneo) : ...Nam
cum Johannem Veyleti, sacræ theologiæ magistrum et hæreticæ pravitatis inquisitorem, pluribus vulneribus confecissent, Johannemque de
Ventis et Jacobum Roberteti, juris utriusque interpretes et regios delphinales consiliarios, multosque alios egregios viros et fideles catholicos
regiosque officiales, eos ad unitatem fidei revocare satagentes, oppre-
sissent, remoto archidiacono, neminem futurum sperabant qui illis
auderet esse molestus.

de Berra, originaire de Mondovi, appartenait à l'ordre des Frères Prêcheurs. Il ne paraît pas avoir déployé beaucoup de zèle à la poursuite des Vaudois. Ceux-ci, enhardis sans doute par son inaction, vinrent un jour l'attaquer jusque dans sa demeure et massacrèrent un de ses serviteurs ; la maison fut pillée et plusieurs familles catholiques de l'endroit se virent obligées de chercher leur salut dans la fuite (1). Ce fut là le signal d'une répression violente, terrible, qui éclaire d'une lueur sinistre la fin de ce triste XVe siècle.

Mais avant d'aborder le récit des poursuites dont les Vaudois furent alors l'objet, nous tenons à indiquer la source principale où nous avons puisé les détails qu'on va lire. Il existe, aux archives départementales de l'Isère, deux registres qui se rapportent à la mission de l'inquisiteur Albert de Cattaneo *(de Capitaneis)*, pendant les années 1487 et 1488 : ces registres, de l'écriture du temps, renferment toute une série de pièces d'une importance historique considérable, bulles et brefs d'Innocent VIII, lettres de l'inquisiteur, interrogatoires et dépositions des accusés : toutes sont inédites, à l'exception d'une bulle du 27 avril 1487 (2). C'est un devoir

---

(1) Cf. la bulle d'Innocent VIII, du 27 avril 1487, citée plus loin.

(2) Le premier de ces registres (in-f°, sur papier, recouvert en parchemin, haut., 0,28, larg., 0,20, 368 folios), porte ce titre : *Copia processuum sacre inquisitionis contra suspectos pauperum de Lugduno seu Valdensium castellanie Vallisclusonis, castellanie Mentollarum necnon judicature Briançonis. Signata per A. De Camera est ista XXVIII.* Ce précieux volume s'ouvre par une sorte de préface (f°s 1-3), dans laquelle, après quelques considérations théologiques, l'auteur parle de l'origine et des débuts de la mission d'Albert de Cattaneo. Viennent ensuite (f°s 3-18), la bulle du 27 avril 1487 et huit lettres ou brefs d'Innocent VIII à l'inquisiteur ; les démarches de celui-ci auprès de Blaise de Berra, du parlement de Grenoble, des vicaires généraux d'Oulx et de Turin remplissent les f°s 18-29. Le lecteur trouvera aux pièces justificatives de notre travail les f°s 28-41, où il verra le commencement des procédures dans le Val-Cluzon. Diverses lettres de citations occupent ensuite les f°s 41-69. A partir de là, ce sont les procès-verbaux des interroga-

pour nous et une joie de publier hautement que s'il nous a
été donné de pouvoir mettre en œuvre pour la première fois
des documents aussi précieux, nous le devons à la générosité
de M. Ferdinand Gauduel, ancien greffier de la cour d'appel
de Grenoble : avec un rare désintéressement, il a bien voulu
mettre à notre entière disposition plusieurs de ses cahiers,
contenant de longues transcriptions de textes, des notes
innombrables, fruit de plusieurs mois de pénible travail

---

toires, au milieu desquels on rencontre une sentence d'excommunication contre 217 vaudois (fᵒˢ 81-7), de nouvelles citations de l'inquisiteur
(fᵒ 89), la sentence qui livre les Vaudois du Val-Cluzon au bras séculier
(fᵒˢ 122-7 vᵒ), des formules de réconciliation d'hérétiques repentants
(fᵒˢ 140-4). Les derniers interrogatoires de ce registre sont de février
1488. Dans les citations fréquentes que nous ferons de ce volume, qui
sera un jour publié textuellement, nous le désignerons sous la rubrique
*Registre A*. — Le second registre des archives de l'Isère concernant les
Vaudois (in-fᵒ, sur papier, recouvert en parchemin, haut.,0,29, larg.,0,20,
361 fᵒˢ), porte ce titre : *Sextus carnetus confessionum Valdensium signatus
per FF*. Ce registre s'ouvre (fᵒˢ 1-3), par l'interrogatoire de Daniel Griot,
le 4 décembre 1487, à Briançon, devant Albert de Cattaneo ; on y trouve
diverses sentences livrant des hérétiques au bras séculier, notamment
celle du 4 mars 1488 contre tous les hérétiques de Freyssinières, l'Argentière et Vallepute (fᵒˢ 78-81), ainsi que des formules d'absolution.
Albert de Cattaneo était encore à Briançon le 4 juillet 1488, où il
donna l'absolution à Claude Faure, de L'Argentière (fᵒ 361). A la fin
du registre, sur quelques fᵒˢ non chiffrés, se trouvent deux sentences de
l'inquisiteur, l'une du 24 avril, l'autre du 26 avril 1488 (l'année prise à
Noël), livrant des hérétiques de Freyssinières au bras séculier. Nous reproduirons aux pièces justificatives deux extraits assez considérables de
ce volume (fᵒˢ 82-98 ; 208-14),qui pourront donner une idée de tout le
reste. Nous désignerons ce volume par ces mots : *Registre B*. — Un
*Inventaire des registres...de la chambre des comptes*, rédigé à la fin du
XVIIᵉ siècle et publié par M. le chanoine Ulysse Chevalier, en tête de
son volume sur les *Ordonnances des rois de France... relatives au
Dauphiné* (Colmar, 1871, in-8ᵒ), mentionne nos deux registres vaudois
(p. XL) et ne mentionne que ceux-là, ce qui prouve que les autres
avaient déjà disparu des archives. Nous verrons plus loin dans quelles
circonstances.

dans les archives. Nous lui exprimons ici notre vive reconnaissance et nous prévenons le lecteur que les pages qui vont suivre sont bien moins notre œuvre que celle de ce modeste et laborieux érudit.

En 1486, l'Eglise métropolitaine d'Embrun avait à sa tête Jean Baile, fils d'un président au parlement, originaire du Briançonnais. Les écrivains catholiques parlent avec éloge de ce prélat : au dire du P. Fournier, « il fut l'amour de son peuple et la terreur des hérétiques ; » Albert nous apprend qu'on n'a jamais rien pu lui reprocher qui fût opposé à la vertu, à la science et à la dignité (1). Les historiens vaudois et protestants ne tiennent pas le même langage : ils produisent contre la mémoire de cet archevêque une lettre de Louis XI, dans laquelle il est dépeint sous les plus noires couleurs. Mais aux yeux de ce monarque vindicatif, le père de notre archevêque avait eu le tort de ne pas le soutenir, alors qu'il n'était que dauphin, dans sa révolte contre Charles VII ; le témoignage de Louis XI est donc ici plus que suspect (2).

---

(1) GAILLAUD (Abbé), *Ephémérides pour servir à l'hist. des Hautes-Alpes*, Paris, 1874, in-8°, p. 196-7.

(2) La lettre de Louis XI, que nous rappelons ici, est du 11 août 1482. Voir : *Histoire de Charles VII et de Louis XI par* THOMAS BASIN, évêque de Lisieux, publiée par M. Jules Quicherat, t. IV (1859), p. 399 et suiv. — D'autres lettres de Louis XI font encore mention de ce même archevêque et témoignent de l'animosité du roi contre la famille Baile : *Lettres de Louis XI,* publiées par MM. Vaesen et Charavay, t. III (1887), p. 114. Orléans, 28 oct. 1466. Le roi écrit au duc de Milan pour le prier d'appuyer une requête adressée au Saint-Siège ; il a envoyé des ambassadeurs au Pape pour obtenir que Jean Baile soit dépossédé de l'archevêché d'Embrun et pourvu d'une autre Eglise hors des États soumis à l'autorité royale : il désirerait le voir remplacer par Laurent Albert, son aumônier. — Ibid., p. 195 ; Le Mans, 20 janvier 1468. Ordre au parlement de Grenoble de lever la mainmise sur le temporel de Jean Baile, archevêque d'Embrun. — On peut consulter, sur le procès fait à Jean Baile, père de l'archevêque, par le vindicatif Louis XI et sur le triste rôle joué dans cette affaire par le parlement de Greno-

Quoi qu'il en soit, Jean Baile résolut de tenter un suprême effort pour extirper jusque dans ses racines cette hérésie qui depuis des siècles bravait l'inquisition (1). Dans une sorte de

---

ble : Archives de l'Isère, B, 2948. — CHORIER, *Hist. de Dauph.*, t. II, p. 463 ; FAUCHÉ-PRUNELLE, *Essai sur les institutions... Briançonnaises*, t. I, p. 470-1 ; FABRE, *Recherches hist. sur N.-D. d'Embrun*, p. 145-52 ; AIMÉE DE FRANCLIÈU, *Jeanne Baile*, p. 17-31.

(1) Jean Baile n'avait cessé jusque-là de combattre l'hérésie vaudoise. La bibliothèque de l'Université de Cambridge possède un certain nombre de procédures, faites contre des hérétiques par cet archevêque. Voici quelques indications que nous puisons dans le *Catalogue of manuscripts*, cité plus haut :

pp. 83-5 : c) Ihus. Sequitur extracta processus in materia heresis valden. per reverend. in Xpo pat. et dom. d. Johannem, arch. Ebred., incepti anno a nativitate Domini millesimo quadringentesimo octuagesimo tertio et die secunda aprilis. — Le cahier porte en marge cette note (qui doit être de la main de Perrin) : « 1483. Informations par où n'appert d'aucune diffamation de paillardise, mais seulement des aultres points.»

d) Processus factus et formatus in facto sancte fidei per Rev. in Xpo patrem et dominum nostrum d. Johannem, Dei et apostolice sedis gratia archiepiscopum et principem Ebredun., contra Anthon. Blasii, de Angrogna, dioc. Taurinensis, habitatorem Delphinatus, Sistaric. dioc... 1483. (Il existe une autre copie de ce procès à la bibliothèque de l'Université de Dublin, où l'on trouve également beaucoup de documents concernant les Vaudois. Tous ces documents ont été soigneusement catalogués et décrits par le Dr Todd, en 1841 dans le *British magazine*, XIX, 393, 502, 632, et XX, 21, 185).

f) Processus factus per Rev..... Ebredun. contra Anthonium Fabri, alias Baudon, de Castro-Rodulpho, de crimine heresis valdensium seu pauperum de Lugduno diffamatum. (Le *Registre B* de Grenoble se termine par le procès d'un Claude Faure, dit Beraudon de Château-Roux, procès commencé le 24 décembre 1487, et fini le 4 juillet 1488 par l'absolution de l'accusé).

g) Processus factus per... arch. Ebred. contra Anthonium Albi, de Fraxineria, Ebred. dioc., etatis quadraginta annorum vel circa. Sur la couverture, ces mots d'une écriture plus moderne : « Antonius Albi, 1486, recite seulement ce que le barbe luy dit en confession. R. d'une corde qu'on mettoit au col des mourans. »

113..... 1. Divers ample and very remarkable processes and cruel

monitoire, il somma les Vaudois d'abjurer leurs erreurs et de rentrer dans le giron de l'Eglise. Il leur accordait un délai d'un an pour se convertir ; passé ce terme, il les menaçait de procéder contre eux selon la rigueur des lois canoniques et de faire appel, s'il en était besoin, au bras séculier (1). Le lecteur connaît déjà assez les Vaudois pour soupçonner le cas qu'ils firent des sommations et des menaces de l'archevêque : aucun ne se présenta devant l'officialité d'Embrun. Le prélat s'était avancé jusqu'à un point d'où il ne pouvait maintenant reculer sans compromettre son autorité et donner à l'hérésie une puissance nouvelle, dont il était aisé de pré-

---

inquisitions against thore of Fraissinere and other places in the years 1487, 1488, 1489, 1492, and 1494.

a) Processus inquisitionalis, agitatus coram Rev.....archiep. et principe Ebred., inter dom. promotorem heretice pravitatis sancte fidei ex una agentem, et Audinum Crispini alias Valoy, de Fraxineria, habitatorem Sancti Andree, diffamatum de secta Valdens., partibus ex altera. In noie Dni n. Ihu Xpi. Amen. Anno a nat. Dni millesimo quadringentesimo octuagesimo sexto, et die lune que fuit intitulata et numerata undecima mensis decembris.....

b)... « C'est l'extraite faicte du contenu au procès faict et demené devant.. l'inquisiteur apostolicque.. contre Steve Roux de Fraxinières.. 1488. »

c) « Minute de diverses responses de ceux de Fraicinière, ubi ne verbum quidem de paillardise... 1488. »

d) 1489. « Procès contre Pierre Valet de Freicinière. »

e) « Procès contre deux barbes, asavoir Francois de Gerundino, dict barbe Martin, et Pierre de Jacob, dit barbe Jean : Aux responses desquels ont esté adioutées des calomnies sur le faict de paillardise et d'idolatrie, comme appert par le somptum deduites responses en brevet y joint, lequel le greffier a estendu à son plaisir. »

d) Contra Peyronetam, relictam quondam Petri Beraudi alias Fornerii, loci Bellirespectus,..... « A Valence l'an 1494. »

Nous signalons plus loi  à leurs dates respectives, les autres documents vaudois qui intéressent notre travail et que renferment les mêmes archives.

(1) Lettre d'Albert de Cattaneo au vicaire général de Turin, du 20 août 1487. Registre A, f° 26.

voir l'usage qu'elle allait en faire. Jean Baile comprit parfaitement la situation dans laquelle il s'était placé et fit appel à un plus fort que lui : il s'adressa au pape.

Innocent VIII n'apprit pas sans inquiétude les graves événements qui s'étaient passés dans les Alpes. Du reste la renommée colportait au loin les crimes vrais ou supposés des Vaudois ; on s'accordait communément à considérer leur hérésie comme la plus dangereuse qui eût jamais existé pour la foi et les mœurs ; il fallait au plus tôt délivrer le monde « de cette peste. » Le pape écrivit au roi de France et au duc de Savoie pour les exhorter à ne plus tolérer les Vaudois sur leurs terres. Il les suppliait en même temps de prêter main-forte à l'inquisiteur qui, sur ses ordres, allait incessamment se transporter dans les régions contaminées. En effet, pour remplir la difficile mission d'inquisiteur en Dauphiné et en Piémont, Innocent VIII venait de choisir un homme plein d'énergie et d'un caractère élevé : il se nommait Albert de Cattaneo (*de Capitaneis*) ; il était archidiacre de Crémone et docteur en l'un et l'autre droit. Nous avons sous les yeux le texte de la bulle du 27 avril 1487, qui l'investit de cette charge. Dans cet important document, le pape, après avoir rappelé que le premier devoir du chef de l'Eglise est de maintenir la pureté de la foi, signale l'attitude hostile des Vaudois, dont l'audace ne connaît plus de bornes. Il veut en finir avec cette secte maudite. Voilà pourquoi il a choisi comme inquisiteur Albert de Cattaneo, homme savant, expérimenté et plein de zèle : il lui donne les pouvoirs les plus étendus dans les Etats du duc de Savoie et du dauphin de Viennois. Tous les archevêques, évêques et autres ordinaires des pays compris dans sa légation devront l'accueillir avec le respect dû à un envoyé du siège apostolique et lui donneront aide et conseil ; le roi et le duc sont exhortés à lui prêter main-forte pour lui permettre d'extirper la dangereuse erreur. S'il en est besoin, tous les fidèles seront invités à une croisade : pour ce service rendu à la cause catholique, on leur promet une

6

indulgence plénière et l'absolution des censures qu'ils auraient pu encourir. L'inquisiteur pourra nommer un ou plusieurs chefs de la croisade et, quand le succès aura couronné l'entreprise, distribuer à ceux qui auront pris part à la guerre sainte les biens enlevés aux hérétiques. Le pape menace des peines les plus sévères, comme de la privation de leurs dignités et bénéfices, les prélats et autres ecclésiastiques qui oseraient s'opposer à la mission de l'inquisiteur. Il est bien spécifié que les hérétiques qui, reconnaissant leurs erreurs, voudront se convertir, seront reçus avec joie dans le sein de l'Eglise, en la forme et aux conditions déterminées par les canons. Quant à ceux qui persisteraient opiniâtrement dans leurs fausses croyances, ils seront livrés au bras séculier (1).

---

(1) Registre A, f° 3-10 : «.... « Non sine displicentia grandi pervenit auditum quod nonnulli iniquitatis filii, incole provincie Ebredunensis, sectatores illius perniciosissime et abhominabilis secte hominum malignorum pauperum de Lugduno seu Valdensium nuncupatorum, que dudum in partibus Pedemontanis et aliis circumvicinis, procurante rectore malorum operum qui per studiosa diverticula et precipicia latebrosa oves Deo dicatas illaqueare et demum ad perdicionem animarum perducere mortifera sagacitate conatur, dampnabiliter insurrexerint, sub quadam simulata sanctitatis specie, in reprobum sensum ducti, a via veritatis vehementer abherrantes et superstitiosas ac hereticas ceremonias sectantes, quamplurima orthodoxe fidei contraria et oculos divine majestatis offendentia ac gravem in se animarum periculum continentia dicunt, faciunt et comictunt, et cum dilectus filius Blasius de Monte Regali, ordinis Predicatorum et theologie professor, inquisitor generalis in partibus illis per olim generalem magistrum dicti ordinis ac deinde per dictum filium nostrum tituli sancti Clementis presbiterum cardinalem, in partibus illis apostolice sedis legatum, et demum per felicis recordationis Sixtum papam quartum, immediatum predecessorem nostrum, ad hujusmodi et alios quoscunque errores extirpandos destinatus, ad provinciam ipsam se contulisset ut eos ad abjurandum errores predictos et veram Christi fidem profitendam induceret, more duri aspidis aures suas obturantes, nedum pessimos et perversos errores suos deposuerunt, quinimo, mala malis addentes, illos publice predicare et predicationibus hujusmodi alios Christi fideles in

Ce ne fut qu'au mois de juillet qu'Albert de Cattaneo se
mit en devoir de commencer les fonctions de sa charge
redoutable. Par esprit de déférence, la cour romaine avait
cru devoir laisser au dominicain Blaise de Berra le titre d'inquisiteur, que lui avait conféré le feu pape Sixte IV, titre qui
devenait depuis la nomination d'Albert plus honorifique que
réel. Mais la prudence commandait d'user de ménagement
envers un homme âgé et qui appartenait à un ordre religieux
alors puissant. Le nouvel inquisiteur écrivit donc tout
d'abord à son collègue : il lui fit connaître les décisions
d'Innocent VIII et le pria de venir se joindre à lui, afin de

---

eosdem errores protrahere, ejusdem inquisitoris excommunicationes,
interdicta aliasque censuras vilipendere, domum habitationis ejusdem
subvertere et que in ea erant nonnullorumque aliorum fidelium bona
diripere et deraubare ejusdemque inquisitoris famulum interficere,
certamina hostili more inhire, eorum dominis temporalibus resistere
et eorum bona depredari ipsosque et eorum familias a suis parrochiis
profugos facere, domos intercedere seu evertere et a redditibus privatos tenere et que potuerunt eis divina auferre, infanda quoque alia
detestabilia ac abhorrenda facinora perpetrare veriti non fuerint, Nos
igitur . . . . — . . . . et illos exterminare et delere procurent et, si
expedire putaveris, universos fideles illarum partium, ut contra eosdem
hereticos, salutifere crucis signo in cordibus et vestibus assumpto, viri-
liter pugnent, per ydoneos verbi Dei predicatores, crucem sive crucia-
tam predicantes, exhortari et induci faciendo ac crucesignatis et contra
eosdem hereticos pugnantibus vel ad id contribuentibus ut plenariam
omnium peccatorum suorum indulgentiam et remissionem, juxta tuam
desuper ordinationem semel in vita et etiam in mortis articulo conse-
quantur concedendo . . . . . . . Datum Rome, apud Sanctum Petrum,
anno incarnationis dominice millesimo quadringentesimo octuagesimo
septimo, quinto kalendas maii, pontificatus nostri anno tercio. — Copie
ancienne de cette bulle, sur papier, à la bibliothèque de l'Université
Cambridge, MS, 112, 2 (Catalogue, p. 82). Texte imprimé dans :
MORLAND, *History of the Evangelical churches of the valleys of Pie-
mont*. London, in-f°, 1658, p. 196 ; — LÉGER, *Hist. gén. des Églises
évangéliques des vallées de Piémont ou Vaudoises*. Leyde, 1669, in-f°,
2° partie, p. 8-15. — Cf. RAYNALDI, *Annales*, ad an. 1487, n° 25.

travailler de concert à l'extinction de l'hérésie vaudoise.
Blaise de Berra répondit par une lettre datée de Pignerol, le
18 juillet 1487. Il lui était impossible, disait-il, pour des
raisons de santé de s'associer aux travaux du commissaire
apostolique, mais il exhortait tous les fidèles de rendre au
délégué du saint siège tout honneur et toute obéissance (1).
Était-ce là un refus, dicté par un secret dépit de se voir sup-
planté? Les termes de cette lettre, rapprochés des détails
que nous donnons plus loin, nous autorisent à le penser.

Quoi qu'il en soit, Albert de Cattaneo résolut d'agir seul.
Il se rendit aussitôt à Grenoble pour obtenir, avec la reconnaissance officielle de son titre d'inquisiteur, l'appui efficace
du parlement, à qui appartenait la haute juridiction criminelle
sur toutes les vallées vaudoises. Le 4 août, il présentait lui-
même sa requête aux conseillers, qui protestèrent à l'envi de
leur attachement à la foi catholique et promirent de l'aider
par tous les moyens en leur pouvoir dans cette délicate et
dangereuse mission. En conséquence, une ordonnance fut
rendue le 7 août, à l'effet de reconnaître les pouvoirs d'inquisiteur conférés par le pape à Albert de Cattaneo et d'enjoindre
au bailli des montagnes, à tous les juges de la cour majeure
du Briançonnais et de la cour d'Embrun d'avoir à lui obéir
dans tout ce qui était de sa charge, à lui prêter main-forte et
à mettre à sa disposition toutes les prisons. Cette ordonnance
est rendue au nom de Philippe de Savoie, gouverneur du
Dauphiné, sur le rapport des conseillers du parlement assemblés. Voici les noms des membres de cette cour souveraine
qui figurent au bas de la pièce: Jean Palmier, président;
Geoffroy de l'Eglise, Jean de Ventes, Jean Robertet, Jean

---

(1) Registre A, f° 18 v° : « . . . . non valemus, propter infirmitatem
nobis occurrentem, ad presens nos ad dictum regem et in Delphinatum
et alia loca opportuna transferre, hortantes omnes. . . . . Datum Pine-
roli, die 18 julii 1487. . . .»

Rabot, Henri Gauteron, Jean Fléard, Antoine Mulet, tous conseillers ; Claude Latier, avocat fiscal (1).

Muni de ce document, l'inquisiteur se hâta de gagner le théâtre, où il allait donner libre carrière aux ardeurs de son zèle. Il se rendit tout d'abord à Briançon, où l'attendait une lettre du pape datée du 6 août. Innocent VIII donnait à Albert des éloges mérités ; il approuvait pleinement sa conduite et l'engageait à redoubler d'efforts pour mener à bonne fin l'œuvre commencée. Il venait d'écrire, ajoutait-il, au duc de Savoie et à l'évêque de Mondovi, pour les rendre favorables à l'entreprise (2). Cet encouragement donna de nouvelles

---

(1) Registre A, fo 19-21 : « . . . . . . Philippus de Sabaudia. . . . . . volentesque mandatis apostolicis, tanquam filii obedientes, ut tenemur, obedire, qui etiam nedum inpresentiarum, quinymo retroactis et jamdiu effluxis temporibus, sicuti animo optavimus, et optamus jam dictam pernitiosissimam sectam, cujus errores intelleximus, extirpari et corrigi seu abjurari, et ad id operam dare, quantum in nobis fuerit, intenti sumus, et ad hoc, in augmentum et decus orthodoxe fidei, pro viribus intendere cura vigili curamus et curabimus, vobis et vestrum cuilibet in solidum, prout ad suum spectat officium, harum serie precipimus, comictimus et mandamus quathenus dictum d. Albertum sue hujusmodi commissionis executorem faciatis, sibique in exercitio dicte sue hujusmodi commissionis et injuncti sibi officii pareatis, obediatis efficaciter et intendatis, sibique per quoscunque officiarios et subditos, mediate vel immediate dalphinales, pareri efficaciter et intendi faciatis, ipsumque fortem, etiam vi armata, ad premissa facienda et sibi omnem opem, in his consilium et favorem ac carceres, si opus fuerit et requisiti fueritis, seu alter vestrum requisitus fuerit, prebendo et preberi ab eis qui sua parte fuerunt nominati faciendo ; quoniam sic fieri volumus et jubemus per presentes. Datum Gratianopoli, die septima mensis augusti, anno Domini millesimo quadringentesimo octuagesimo septimo...

(2) Registre A, fo 12 : « Vidimus ex litteris tuis quid egeris in causa hereticorum : prudenter a te diligenterque acta sunt omnia, pro quibus laudari procul dubio mereris, et quoniam ita putas expedire, ad ducem Sabaudie et episcopum Montisregalensem scribimus opportune pro favoribus tibi prestandis . . . . . . Datum Rome, apud S. Petrum, sub annulo piscatoris, die sexta augusti millesimo quatercentesimo LXXXo VIIo, pontificatus nostri anno IIIo. »

forces à notre inquisiteur. Un de ses premiers soins fut de se mettre en relation avec les représentants de l'autorité civile, dont le concours lui était absolument indispensable. Oronce Emé, juge mage et vibailli du Briançonnais, étant alors absent, il dut s'adresser à son remplaçant, Pierre Rolland: il lui présenta la bulle du pape et l'ordonnance dont il était porteur, demandant à ce que l'une et l'autre pièce fussent couchées sur les registres de la judicature mage. C'est ce qui fut fait le 15 août par Laurent Duès, secrétaire et chancelier (1).

Cependant Albert de Cattaneo ne pouvait encore commencer les poursuites contre les Vaudois de Freyssinières et de Vallepute, au diocèse d'Embrun ; le terme d'un an que leur avait assigné l'archevêque pour avoir à rentrer dans le giron de l'Eglise n'expirait qu'à la fin de septembre. Pour ne point perdre de temps, il résolut de s'occuper d'abord des hérétiques qui habitaient les vallées du versant oriental des Alpes. Ces vallées appartenaient en partie au Dauphiné : pour les causes temporelles, elles ressortissaient au parlement de Grenoble ; pour le spirituel, elles reconnaissaient la juridiction de l'archevêque de Turin et celle du prévôt d'Oulx. Albert dépêcha un notaire aux vicaires généraux des deux prélats, pour leur signifier avec ses intentions les pouvoirs dont il était investi par le saint siège. Il les priait en même temps de se joindre à lui, afin de le seconder dans une œuvre destinée à assurer la conservation de la foi sur les terres soumises à la juridiction de leurs Eglises. L'envoyé de l'inquisiteur fut assez froidement accueilli, soit à Oulx, soit à Turin. L'archevêque de Turin et le prévôt d'Oulx, grands seigneurs

---

(1) Registre A, f° 2 : « Cum ipsis geminatis licteris, apud Brianczonum applicuit die XV mensis augusti, in primis apostolicas, secundo dominicales licteras producens, eas egregio viro . . . . . . . domino Petro Rollandi, vicejudici et locum tenenti spectabilis ac generosi juris utriusque doctoris d. Oroncii Eme, judicis majoris et viceballyvi Brianczonii, pro tunc absentis, presentavit.»

ecclésiastiques, ne résidaient point dans leurs bénéfices ; ils
se déchargeaient du fardeau pastoral sur des vicaires généraux ; ceux-ci n'étant pas les chefs immédiats du troupeau, ne
pouvaient avoir le zèle qui doit animer le véritable pasteur.
Ils se souciaient peu d'aller en personne affronter les périls
d'une mission en pays vaudois. Les prétextes qu'ils allé-
guèrent pour se dispenser de répondre à l'appel de l'inquisiteur ne manquent pas d'un certain côté plaisant. Manuel de
Malingres, prieur de Sainte-Marie de Suze, vicaire général de
Jean Micheli, cardinal-prêtre du titre de Saint-Marcel appelé
de Saint-Ange, commendataire et administrateur perpétuel
de la prévôté d'Oulx, dit à Albert de Cattaneo qu'il ne pourrait le suivre, parce que la goutte dont il souffrait le condamnait à un repos absolu (1). Cette réponse, donnée le 17 août,
fut bientôt accompagnée, le 25, d'un ordre du vicaire général
à tous les chapelains et curés, relevant de la prévôté, d'avoir
à obéir aux prescriptions de l'inquisiteur. Le 22 août, le
notaire était à Turin, porteur d'une lettre d'Albert, datée de
Briançon le 20 août et adressée à Jean de Gronis, vicaire
général de l'archevêque. Cette lettre expliquait les motifs qui
déterminaient l'inquisiteur à commencer sa mission par le
diocèse de Turin ; elle insistait sur la nécessité de délivrer au
plus tôt la contrée de la secte vaudoise. Albert invitait le
vicaire général, dans les termes les plus pressants, à venir
lui prêter le concours de ses lumières et de son dévouement :
il l'attendrait encore six jours à Briançon, disait-il, et s'il le
désirait, il irait à sa rencontre jusqu'à Oulx ; là ils pourraient
se concerter ensemble sur le plan de l'entreprise. Mais le 26
août, Albert voyait son notaire rentrer seul à Briançon et
constatait avec tristesse l'inutilité de toutes ses démarches.
Du reste, le vicaire général de Turin avait daigné prendre la

(1) Registre A, f° 22 : « . . . . qui respondit quod, propter podagram
et infirmitatem pedum, non poterat assistere, et dedit licteras infrascripti tenoris . . . . »

peine d'expliquer dans une lettre du 22 août, les raisons qui l'obligeaient à décliner l'invitation qui lui était faite : il serait on ne peut plus heureux, disait-il, de s'associer aux travaux de l'inquisiteur et de le suivre, même dans le diocèse d'Embrun, qui est gouverné par un archevêque dont tout le monde proclame les vertus et que les Vaudois redoutent comme leur ennemi le plus terrible, mais les soucis, les embarras de l'administration le retiennent à Turin ; il n'a reçu à ce sujet aucun ordre de son archevêque ; le coadjuteur de celui-ci est attendu d'un moment à l'autre ; il vient passer quelques jours de délassement (*recreationis gratia*) à Monte-Fiascone ; l'entreprise à laquelle on le convie demanderait beaucoup de temps ; on ne peut pas compter sur la protection des archers qui sont dans le pays, car il ne serait pas impossible qu'il se missent du côté des Vaudois. Une phrase qui termine cette intéressante lettre, nous laisse clairement entrevoir que le dominicain Blaise de Berra, dont nous avons parlé plus haut, suivait avec une jalousie mal contenue les démarches actives de celui qui était devenu son collègue ; il lui faisait même une sourde opposition : le vicaire général déclare demeurer absolument indifférent aux difficultés qu'ils avaient alors ensemble : *Quid sit de magistro Blasio, non cupio certior fieri* (1).

Albert de Cattaneo n'était pas homme à se laisser arrêter par les obstacles. Il résolut d'agir seul et, comme il en avait eu le projet, de commencer par purger le Val-Cluzon de la secte maudite. On appelle ainsi une riche et belle vallée, qui est arrosée par le Cluzon, un des affluents du Pô et qui mesure

---

(1) Registre A, f° 26-8 verso : « In nomine Domini. Amen. Anno ab incarnatione ejusdem 1487, indictione 5, die 20 augusti, incipit processus agitatus per reverendum in Xpo patrem d. Albertum de Capitaneis, juris utriusque doctorem, nuncium et commissarium apostolicum. Et primo sequitur copia litterarum requisitariarum, missarum per prefatum d. commissarium vicario episcopi Taurinensis. . . . . »

« en longueur 26 kilomètres du village de Traverses, dans
« le Pragela, à Bec-Dauphin, dernière limite à cette époque
« du territoire français. Des vallons latéraux débouchant dans
« la vallée, ceux du Bourcet, du Lauz, des Sauvages, etc.,
« en augmentent l'importance. Les villages sont nombreux ;
« quelques-uns populeux : on peut citer Mentoulles, Usseaux,
« le Plan, Traverses, Balbotet, La Rua de Pragela, les Fraises,
« Roure, Fenestrelles, Méane. Le territoire du Val-Cluzon
« qui, dans sa partie supérieure, prend aussi le nom de Pra-
« gela, est enserré entre de hautes montagnes. C'est un pays
« très accidenté, coupé par des ravins et par les émergences
« de la masse rocheuse. Ses cols, ses défilés, ses gorges
« étroites, ses sentiers à travers les rochers pratiquables pour
« les seuls habitants, constituent en cas d'agression de re-
« doutables moyens de défense et réservent à l'ennemi des
« surprises, des embuscades, tous les périls enfin d'une rude
« guerre de montagne (1). » Les Vaudois de ces vallées
étaient nombreux, très attachés à leurs croyances et aguerris
par une lutte plus que séculaire contre l'inquisition. On
pouvait espérer que si l'on venait à bout d'en triompher,
leur soumission entraînerait celle de tous leurs coreligionnaires.

Le 24 août 1487, Albert de Cattaneo expédia d'Oulx une
lettre à tous les curés, vicaires et autres ecclésiastiques ayant
charge d'âmes dans les diocèses de Turin et d'Embrun. La
mission qu'il tient du saint siège, écrivait-il, est d'extirper
jusque dans ses dernières racines cette mortelle hérésie des
Vaudois, d'exterminer les renards qui depuis longtemps rava-
gent la vigne du Seigneur. Or, il est de notoriété publique
que, dans les paroisses de Mentoulles, d'Usseaux, de Fenestrelles et de Pragela, il existe un grand nombre de personnes
appartenant à la secte des Vaudois. Dans le dessein de s'en-

---

(1) ALBERT (Aristide), Le pays Briançonnais. Notes sur le canton de
l'Argentière. Première partie. Grenoble, 1887, in-18, p. 273.

quérir de la vérité du fait, il commande à tous les curés de
publier du haut de la chaire, à la messe solennelle du dimanche les présentes lettres, et pour que nul n'en ignore, de les
afficher ensuite aux portes de l'église. Par ces lettres il était
enjoint, sous peine d'excommunication, à toutes personnes, de quelque dignité, état ou condition qu'elles fussent,
qui se sentiraient coupables d'hérésie ou qui connaîtraient
des hérétiques et fauteurs d'hérétiques, de venir à Briançon
dans les six jours qui suivraient cette publication, afin de
faire leurs déclarations devant l'inquisiteur. Ces six jours
étaient donnés comme un temps de miséricorde et de grâce,
pendant lequel on promettait le pardon le plus entier, sans
injonction de pénitence canonique, à tous ceux qui se présen-
teraient d'eux-mêmes et manifesteraient un sincère repentir,
fussent-ils coupables de ces sortes de crimes qui en temps
ordinaire sont punis de la prison ou des plus graves peines.
Passé ce délai la justice devait reprendre son cours (1).

Ce ne fut pas seulement par lettres que l'inquisiteur invita
les hérétiques à se convertir ; il envoya des prédicateurs qui
parcoururent les diverses paroisses, s'efforçant d'instruire et
de ramener les égarés. C'est ainsi que le franciscain Jean
Colomb, accompagné de Jean Grand, notaire, se trouvait à
Pragela le 29 août, fête de St Jean-Baptiste. Il prêcha à la
messe paroissiale, exhorta tous les coupables à confesser
leurs erreurs et promit en même temps de rendre facile la
voie du retour. Mais ni les promesses, ni les menaces ne
réussirent à ébranler les Vaudois. Avertis de ce qui se passait,
leurs barbes étaient accourus, et soit par eux-mêmes, soit par
les gens zélés de la secte, ils poussaient à la résistance, si
bien que le jour même où Jean Colomb prêchait à Pragela,
il se tint dans cette localité une nombreuse réunion de Vaudois, venus de tous les points du Val-Cluzon, afin de se
concerter sur les mesures à prendre pour tenir tête à l'orage,

(1) Registre A, f° 23-5.

dont on entendait déjà les grondements et qui bientôt peut-
être allait s'abattre sur la vallée (1).

Cependant Albert de Cattaneo restait prudemment à Briançon. Tous les jours, il y recevait de mauvaises nouvelles.
Personne ne daignait répondre à ses avances. Le premier
septembre, il réunit dans une sorte de conseil les représentants des autorités ecclésiastiques et civiles qui se trouvaient
alors dans cette ville ; à cette réunion, nous voyons figurer
Mathieu Bermond, prieur de Mentoulles, professeur de théologie, Oronce Emé, docteur en l'un et l'autre droit, juge du
Briançonnais, et son suppléant, Jordan Cœur, procureur
fiscal, Jean Grand, notaire, et Pierre, son fils, professeur de
droit canonique. On y examina la réponse qu'il convenait de
donner à trois personnages venus du Val-Cluzon, Jean Brunel, Jean Vinczon, de Mentoulles, et François Griot, de
Pragela, et qui demandaient à l'inquisiteur de vouloir bien
se transporter dans les localités contaminées, afin de procéder
au plus tôt contre les Vaudois, brebis galeuses du troupeau ;
ils assuraient que sa seule présence aurait plus d'efficacité
que ses lettres comminatoires et la parole des missionnaires.
Albert de Cattaneo soupçonnait un piège. Après avoir mûre-
ment réfléchi et pris l'avis de ses conseillers, il répondit à
ceux qui lui en faisaient la demande, qu'il irait très volontiers
dans le Val-Cluzon, mais à la condition que les syndics des
communautés du pays viendraient dans les cinq jours le
trouver à Briançon et lui donneraient toutes les garanties désirables pour sa propre sécurité. Il ne pouvait s'empêcher de
faire observer, ajoutait-il, que les auteurs de la proposition
qui lui était faite, agissaient seulement en leurs noms et n'a-
vaient aucun mandat de leurs concitoyens ; il était fondé
d'autre part à réclamer des garanties de sécurité, attendu que
la rumeur publique parlait de rassemblements vaudois et
d'une lutte imminente.

(1) Voir aux *Pièces justificatives*, nº V.

La prudence dictait à l'inquisiteur ce langage. Il ne devait point tarder à voir que ses craintes étaient pleinement justifiées. Ce jour-là même, on amena devant lui un habitant de Pragela, Daniel Griot, qui, de passage à Briançon, venait d'être arrêté comme suspect. Albert, assisté du procureur fiscal et du notaire Laurent Duès, lui fit subir un premier interrogatoire et comme il ne put en obtenir que des réponses vagues et embarrassées, il ordonna qu'on le mît en prison. Trois jours après, l'imprudent voyageur comparaissait de nouveau devant ses juges et, le régime de la prison lui ayant fait sans doute regretter la liberté, il se décida à faire des aveux complets. « Interrogé d'où il venait et où il « allait le jour où il fut arrêté, il répondit qu'il venait de « Freyssinières où il était allé chercher un barbe vaudois, « nommé Jeannet. On lui demanda qui lui avait donné cette « mission ; il répondit que c'étaient les Vaudois de Pragela, « qui, le 29 août, fête de St Jean-Baptiste, le jour même où « frère Jean Colomb prêchait par ordre de l'inquisiteur, « l'avaient chargé d'aller à Freyssinières chercher le barbe « Jeannet, afin de les confesser, de les fortifier contre les « prédications du moine et de leur donner conseil. La veille, « il était allé dans le Val de Saint-Martin implorer l'assis- « tance d'un autre barbe. »

La situation de l'inquisiteur devenait critique : il n'osait aller chercher les Vaudois dans leurs vallées et ceux-ci se gardaient bien de venir à lui ; de part et d'autre on s'observait. Le 11 septembre, aucun Vaudois n'avait encore paru à Briançon. Albert résolut de tenter un acte de vigueur. Avec les conseils d'Oronce Emé et de Jordan Cœur, il lança un mandat d'amener contre onze Vaudois du Val-Cluzon, réputés les chefs de la secte. Voici leurs noms : Turin Vilhot et Claude, son fils, Pierre et Barthélemy Lantelme, François Pasteur, Jean Panet, Jean Machod, Jacques Ferrier, Jean Blanc, Anthoine Challer et Facion Veylier. Les considérants de l'acte portent en substance qu'ils étaient rebelles aux lois,

récidivistes, puisque leurs pères avaient, soixante ans aupa-
ravant, abjuré les erreurs vaudoises, qu'ils repoussaient
toutes les avances, qu'ils empêchaient les autres de se convertir et qu'ils avaient envoyé chercher des barbes pour se
fortifier dans l'esprit de révolte ; cette secte abominable,
ajoutait l'inquisiteur, était un perpétuel outrage à la majesté
divine, et il était temps que la peine temporelle saisît ceux
que ne pouvaient guérir les remèdes spirituels.

Ces menaces ne produisirent pas un grand effet. Deux des
inculpés seulement, Pierre et Barthélemy Lantelme, de Pragela, prirent peur et vinrent d'eux-mêmes se constituer prisonniers. On procéda à leur interrogatoire le 14. L'inquisiteur tint compte de ce qu'ils n'avaient pas fait de difficultés à
s'avouer coupables et à détester leurs erreurs ; il leur donna
le jour même l'absolution devant la porte de l'église de Saint-
François ; il n'y mit qu'une condition, c'est que de retour
chez eux ils exhorteraient leurs pères, frères, parents et amis
à rentrer dans le giron de l'Église et à venir demander l'absolution, promettant bien qu'il ne serait fait aucun mauvais
traitement à ceux qui viendraient ainsi d'eux-mêmes à rési-
piscence. Jean Béraud, notaire à Val-Cluzon, Jean Vinczon
et Jean Brunel, de Mentoulles, furent invités d'agir, dans le
même sens, auprès de ceux sur lesquels ils pouvaient avoir
quelque influence. Que firent-ils les uns et les autres ? Nous
l'ignorons ; mais quatre jours après, les juges de Briançon
attendaient encore les Vaudois.

Le 18 septembre, Albert de Cattaneo dépêcha aux curés,
vicaires et aux officiers de justice résidant dans le Val-Cluzon,
Gonet Faure, son fidèle messager. Il était porteur de deux
documents : le premier était un arrêt du tribunal de l'inquisition citant à comparaître à Briançon trente-sept Vaudois
nommément désignés ; la citation devait être lue du haut de
la chaire et affichée ensuite aux portes des églises de Mentoulles, Usseaux et Pragela : le second était une invitation
pressante à tous les hérétiques de se convertir, avec promesse

du plus ample et généreux pardon à tous ceux qui se sou-
mettraient d'eux-mêmes, mais avec menace d'user des dernières rigueurs contre les endurcis et les opiniâtres. Ces diverses pièces furent publiées et affichées, comme l'attestent
les déclarations des curés (1).

Albert de Cattaneo ne crut pas devoir attendre plus longtemps pour informer le parlement de Grenoble des menées
des hérétiques et de l'inutilité de ses efforts. Dans sa lettre,
après avoir brièvement exposé les motifs qui l'ont déterminé
à agir tout d'abord contre les Vaudois du Val-Cluzon, il
rappelle que, depuis plus de soixante ans, ces hommes, endurcis dans le mal, tiennent en échec l'officialité et l'inquisition. Plus de 300 d'entre eux, dit-il, ont autrefois abjuré
leurs erreurs; mais les fils sont retournés aux égarements de
leurs pères, et la secte maudite est maintenant plus puissante
que jamais. Espérant les gagner par la douceur, il leur a fait
porter par de zélés missionnaires des assurances de pardon
pour tous ceux qui se convertiraient. Il raconte ensuite comment on était venu l'engager à se rendre dans le Val-Cluzon,
où sa présence pourrait ramener les hérétiques au devoir et
à la raison : il n'a pas cru prudent d'obtempérer à ce désir,
et bien lui en a pris, car il n'a pas tardé à être fixé sur les
agissements des Vaudois, qui se sont assemblés au nombre
de plus de 650 et ont fait venir deux barbes pour les affermir
dans leurs croyances. Comme toutes les anciennes hérésies,
celle-ci, faible dans ses commencements, peut grandir et
devenir bientôt redoutable : il est urgent d'extirper au plus
tôt ce mal, d'éteindre cet incendie. Il est une douzaine d'hérétiques plus en évidence que les autres et qui sont comme
les *satrapes* de la secte. Il faudrait les faire arrêter, mais pour
cela il est besoin de la force armée. L'inquisiteur demande
donc au parlement, pour le cas où les hérétiques cités à com-

(1) Pour la preuve de ce qui précède, voir aux *Pièces justificatives*,
n° V.

paraître refuseraient obstinément de venir, d'être autorisé à faire marcher contre eux quelques troupes. La dépense d'ailleurs sera peu considérable et les coupables recevront le châtiment qu'ils méritent (1).

La réponse du parlement porte la date du 15 septembre. Après avoir vivement félicité l'inquisiteur de son zèle, les conseillers déclarent être très heureux de pouvoir concourir à une aussi bonne œuvre que celle de la destruction de cette maudite hérésie. L'inquisiteur pourra donc faire appel au bras séculier toutes les fois qu'il le jugera à propos pour s'emparer de la personne des hérétiques ou procéder contre eux. La lettre se termine par des vœux pour le succès de l'entreprise et pour que Dieu, dans sa miséricorde, daigne éclairer des lumières de la foi ces esprits aveuglés (2).

Les jours précédents, trois ou quatre hérétiques s'étaient présentés. L'inquisiteur, qui pouvait librement disposer de son temps, leur fit subir un minutieux interrogatoire. Le 19, il entendit Turin Vilhot et Claude, son fils, de Pragela, et le 23, Facion Veylier. Ces trois personnages figurent sur la liste de ceux qu'Albert appelait les *satrapes* de la secte. Ils firent des aveux complets et demandèrent, à genoux, le bienfait de l'absolution. On les renvoya pour cette grâce au 29 septembre, leur faisant promettre qu'ils ameneraient avec eux ce jour-là leurs femmes et les autres membres de leurs

---

(1) Registre A, f° 44-6.

(2) Registre A, f° 47 : « . . . . Procedatis itaque, ut cepistis, et rem nobis gratiorem, Deo quoque, sua cum causa agitur, gratissimam si prorsus quod experiri poscitis efficietur, et si forte contra aliquos nominatim vel ad cohercitionem vel ad captionem aut alias procedendum decreveritis, nec nervus ecclesie vobis satis sit, libentius quotiens secularis nostri, per patentes vestras, subsidium brachii. . . . duxeritis implorandum, ut juris ratio postulat, impartiemur et. . . . vobis obtulimus, fovebimus et assistemus, ducente Domino, qui vos ad optata perducat et cecos illos lumine fidei illuminare dignetur. Valete. In Gratianopoli, die 15 septembris. . . . »

familles entachés d'hérésie. Le 25 septembre, ce fut le tour
d'un nommé Just Bosc. Celui-ci déclare qu'il est de notoriété publique que la majeure partie des habitants du Val-
Cluzon appartient à la secte des Vaudois. Quant à lui, il a
fait comme les autres et s'est laissé entraîner par le torrent
de l'erreur. Il regrette amèrement sa faute. Il expose les
principaux points de la doctrine vaudoise; il désigne Jean
Jouvenel et Thomas Perrin comme déployant le plus de
zèle à la propager, et termine en dénonçant une centaine
d'hérétiques dans la seule communauté de Mentoulles. Les
noms de ces malheureux ont été soigneusement relevés dans
le procès-verbal (1).

La veille du jour où Just Bosc dénonçait ainsi ses frères,
le tribunal de l'inquisition avait tenu une séance solennelle.
Jordan Cœur, procureur fiscal, se présentant devant Albert
de Cattaneo parla de l'obstination des hérétiques à ne point
vouloir comparaître, ce qui était afficher le mépris de l'autorité de l'Eglise; il demanda donc qu'ils fussent tous déclarés
contumaces et excommuniés, si dans les trois jours ils ne
venaient point répondre sur les griefs allégués contre eux.
L'inquisiteur fit droit à cette demande, et l'on rédigea aussitôt une citation en règle, par laquelle 130 Vaudois de Pragela, 72 d'Usseaux et 132 de Mentoulles, tous nommément
désignés, étaient invités à comparaître à Briançon dans le
plus bref délai (2). Il en fut de cette citation comme des précédentes. Personne ne vint. Aussi, le 28 septembre, nouvelle
réunion des membres du tribunal, nouvelles instances du
procureur, qui veut qu'on emploie contre le mal de plus

---

(1) Registre A, f° 49-50 : Just Bosc, interrogé comment il pouvait
savoir que les 98 personnes qu'il dénonçait appartenaient à la secte,
« respondit, quia illi notarii sunt heretici et dicunt nullum esse purgatorium, et in festivitatibus sanctorum vidit ipsos sepius laborare et
eorum vigiliis non curare. »

(2) Registre A, f° 54-9.

énergiques remèdes, *instat contra eos procedendum ad fortiora juris remedia.* Le commissaire apostolique, désireux de
ne sortir des voies de la douceur qu'à la dernière extrémité,
décide qu'on fera entendre aux Vaudois un nouvel appel plus
pressant que les autres. En conséquence, de nouvelles lettres,
datées du 29, sont encore expédiées dans le Val-Cluzon et
citent les mêmes Vaudois à comparaître (1).

Cependant, la plus grande agitation régnait dans le pays.
Les intérêts divers qui étaient en jeu, l'incertitude de l'avenir, les menaces réitérées de l'inquisition frappaient les
esprits. Comme il arrive toujours dans ces temps d'effervescence populaire, pendant que les uns, incertains et timides,
songeaient aux moyens de sauver leurs personnes et leurs
biens, d'autres, d'un caractère plus fortement trempé, sentaient leur courage grandir aux approches de la tempête et
s'attachaient avec d'autant plus d'opiniâtreté à la secte qu'on
déployait plus de violence pour les en arracher. Le 1er octobre, onze Vaudois arrivèrent à Briançon et, se jetant aux
pieds de l'inquisiteur, demandèrent à être tenus pour bons
chrétiens. Ils se montrèrent disposés à répondre à toutes les
questions qu'on voudrait leur faire ; mais ils apprirent en
même temps à l'inquisiteur que les hérétiques du Val-Cluzon
étaient très surexcités, qu'une cinquantaine d'entre eux, personnages écoutés et puissants, avaient tenu conseil dans le
cimetière de Pragela et qu'ils avaient décidé de faire appel
aux armes pour défendre leurs croyances (2). Le 2 octobre,
Gonet Faure, le messager que nous connaissons déjà, appor-
tait à son tour les nouvelles les plus alarmantes. Il revenait
du Val-Cluzon où il avait remis aux curés les dernières lettres de l'inquisiteur. Ce n'était pas sans danger, disait-il,
qu'il avait rempli cette mission. « Jean Gaudulphe et quel-

---

(1) Registre A, f° 62-9.
(2) Registre A, f° 70.

8

« ques autres Vaudois lui avaient déclaré que s'il paraissait
« encore dans le pays avec de semblables lettres, il pouvait
« s'attendre à être tué. Il vit un attroupement considérable
« d'hérétiques qui s'encourageaient les uns les autres à la
« résistance et il les entendit dire entre eux qu'ils prendraient
« tous les armes, marcheraient sur Briançon, attaqueraient
« l'inquisiteur et le juge mage et sauraient bien délivrer leurs
« frères prisonniers (1). »

Au point où en étaient les choses, l'inquisiteur pouvait
déjà désespérer d'obtenir de sérieux résultats par les voies
pacifiques. On hésitait néanmoins à faire appel à la force
armée. D'autre part, l'arrivée de quarante-quatre Vaudois
qui vinrent faire leur soumission détermina le tribunal à
prendre encore patience ; mais pour ne point paraître céder
devant l'attitude hostile de la masse vaudoise, l'inquisiteur
prononça, le 3 octobre, à l'heure des vêpres, une sentence
d'excommunication contre deux cent dix-sept Vaudois, nommément désignés (2). Le 6, de nouvelles lettres furent en-
voyées aux curés pour qu'ils eussent à promulguer cette excommunication avec la solennité accoutumée, c'est-à-dire en
éteignant les cierges et au son des cloches. De plus, les curés
devaient citer à comparaître tous les Vaudois excommuniés, à
Briançon, devant l'inquisiteur : s'ils refusaient encore de
venir, ils étaient d'ores et déjà condamnés à une amende de

---

(1) Registre A, f° 69 verso : « Gonetus Fabri, nuncius publicus juratus, suo juramento retulit prefato dom. commissario. . . . quod Johannes Gaudulphi et plures alii Valdenses eidem intimati sunt quod si
demum litteras prefati domini commissarii apportatas redderet, ipsi
interficerent et quod vidit dictos Valdenses in magno numero invicem
congregatos et audivit ipsos se excitantes dicendo quod simul in armis
se congregarent vel venirent Brianczonum et invaderent prefatum d.
commissarium ac spectabilem d. judicem Brianczonii, incarceratos re-
laxarent et deliberarent. »

(2) Registre A, f° 81-7.

25 ducats et déclarés *hérétiques* (1). C'était assez leur dire le sort qui les attendait.

Gonet Faure, l'intrépide messager, partit donc de nouveau pour le Val-Cluzon à l'effet d'y porter ces lettres. Le voyage ne fut pas long, car le 8 octobre, Faure était de retour à Briançon et racontait tout ce qu'il avait vu et entendu sur cette terre maudite. En le voyant venir, dit-il, on ne put s'empêcher d'admirer son courage : on l'avertit des dangers qu'il courait ; sûrement il serait attaqué et pour le moins recevrait quelques blessures (2). Il n'en fut rien pourtant ; il rentra à Briançon sain et sauf. Mais le rapport qu'il venait de faire sembla autoriser le procureur à déposer, dès le lendemain, une demande au tribunal : on donnerait encore aux Vaudois vingt-cinq jours pour réfléchir ; passé ce délai, s'ils demeuraient endurcis et opiniâtres, on en viendrait contre eux aux dernières mesures et on les livrerait au bras séculier pour être traités comme hérétiques, relaps et incorrigibles. Ce fut donc le 9 octobre 1487 qu'Albert de Cattaneo, à la requête du procureur, donna aux Vaudois du Val-Cluzon ce dernier délai et ce suprême avertissement (3).

Pour ne point interrompre la marche du récit, nous avons cru devoir ne rien dire jusqu'à présent des interrogatoires que le tribunal faisait subir aux détenus et des dépositions de ces derniers. Les deux registres de l'inquisition que nous avons eus entre les mains et dont nous possédons de longs extraits, sont ici pleins de détails du plus vif intérêt : il est

---

(1) Registre A, fº 88-9 : « . . . . in ecclesia vestra coram populo ibidem congregato cum candelis accensis postea extinctis et campanis magnis pulsantibus publice nuncietis excommunicatos infrascriptos, homines Vallis Cluzonis, videlicet de Mentholis, Ucellis et Pratigelati. . . . »

(2) Registre A, fº 93 : «..... quod reperiret aliquos qui eum verberarent, et plures alii dixerunt quod ibat cum magno periculo et quod facerent insultum contra ipsum. »

(3) Registre A, fº 94.

temps que nous fassions connaître au lecteur, à l'aide des données abondantes qu'ils nous fournissent, les croyances et les mœurs de la secte vaudoise.

A partir du 14 septembre jusque vers le milieu de novembre, le tribunal de l'inquisition tint une quinzaine de séances et entendit environ cinquante accusés. Albert de Cattaneo, commissaire apostolique, juge de la foi, était ordinairement assisté dans sa charge par deux assesseurs : Oronce Emé, juge mage du Briançonnais, et Jordan Cœur, procureur fiscal, remplissant les fonctions de promoteur. Souvent aussi nous voyons figurer Antoine Odoard, châtelain de Briançon. Enfin un notaire recueillait les réponses et rédigeait les procès-verbaux des séances. Les diverses questions posées semblent extraites d'une sorte de formulaire, car, à peu de choses près, elles sont toutes les mêmes et présentées dans le même ordre. Voici, d'après les réponses des Vaudois, les principaux points de leurs croyances (1).

(1) Pour bien connaître l'histoire dogmatique des Vaudois, il faudra toujours étudier l'admirable résumé qu'en a donné Bossuet dans l'*Histoire des variations des Eglises protestantes*, livre XI° (*Œuvres complètes de Bossuet*, édition Guérin, 1870, t. III, p. 364-82). Voir aussi : Rainerius Sacconus, *Summa de Catharis et Leonistis seu Pauperibus de Lugduno* (Cf. Quétif et Echard, *Scriptores ord. præd.*, t. I, p. 154-5) ; — Bernardus, abbas Fontis Calidi, *Adversus Waldensium sectam liber*, dans Migne, *Pat. lat.*, t. CCIV, col. 793-840 ; — Ermengaudus, *Contra Waldenses*, ibid., col. 1235-72 ; — Moneta Cremonensis, *Summa contra Katharos et Valdenses* (Cf. Quétif et Echard, op. cit., t. I, p. 122-3) ; — Etienne de Bourbon, plus haut, p. 5 ; — Claudius Seissellus, arch. Taurinensis, *Adversus errores et sectam Valdensium disputationes*, Parisiis, 1520. — (*Doctrine des Vaudois représentée par Cla(ude) Seissel, archevêque de Turin, et Cl. Coussord, théologien de l'Université de Paris, avec notes dressées par* Jacques Cappel, *ministre du saint Evangile et professeur de théologie en l'Eglise et académie de Sedan. A Sedan, M.D.C.XVIII, in-8°, 111 pages), etc., etc. Voir l'appendice : Notes sur les écrits vaudois antérieurs au XVI° siècle, et les Pièces justificatives, n° VI, VII et VIII.

1° Les Vaudois avaient des chefs spirituels ou prêtres,
qu'ils désignaient sous le nom de *barbes*, d'un mot qui, dans
la langue piémontaise, veut dire *oncle* (1). Quand on demande aux accusés d'où leurs pasteurs tiennent la juridiction et qui les a envoyés dans le pays, ils répondent qu'ils
l'ignorent absolument (2).

2° On ne voit nulle part que les Vaudois rejetassent les
sacrements de l'Église : s'ils en niaient l'efficacité, c'est que,
disaient-ils, les prêtres de l'Église romaine vivaient mal,
suivaient une voie trop large, couraient après les richesses et,
ayant perdu la sainteté, avaient par là-même perdu tout
pouvoir. Les barbes marchaient sur les traces des apôtres ;
ils imitaient la vie et la pauvreté de Jésus-Christ : voilà pour-

(1) GILLES (Pierre), *Hist. ecclésiastique des Eglises vaudoises de 1160
à 1643*, Pignerol, 1881 (réimpression), 2 vol. in-12, t. I, p. 17.

(2) L'organisation intérieure de l'Eglise vaudoise est un point historique sur lequel nous sommes encore bien peu renseignés. Les barbes reconnaissaient un chef suprême, élu par eux : celui-ci instituait
les nouveaux barbes et veillait à ce que les membres dispersés de la
secte fussent régulièrement visités. Nos documents font mention
d'un barbe originaire du Valentinois ; c'était là presque une exception, car le plus grand nombre de ces ministres de l'erreur appartenait au Piémont ou au royaume de Naples. Voici à ce sujet une note
fort curieuse que nous trouvons dans l'ouvrage suivant : D. N. FRAN-
CISCI MARCI *Decisiones aureæ*, Lugduni, M.D.LXXXIIII (2 vol. in-f°),
t. II, p. 362. Quæstio 267. De secta Valdensium. «......Adde quod
secta istorum Valdensium habet quosdam barbas qui pretenduntur
habere potestatem ipsos absolvendi et veniunt ipsos visitatum, et
veniunt, ut plurimum, de partibus Italie, de Pulteo regni Neapolitani.
Et fuerunt decapitati quattuor in hac civitate qui, ut pretenditur, per-
tinenter perseverabant in eorum errore. Et, ut fertur, Chanardi Cabeoli sunt de dicta secta et plures alii. Item, etiam isti Valdenses in
eorum secta habent magnum eorum magistrum qui vocatur Jo. Antonii alias Magnus Comes et facit ejus residentiam in loco de Gambeo,
in dominio pape, ut fatetur, et eligitur per barbas, et habet creare
dictos barbas qui visitant in singulis patriis et faciunt fieri eorum syna-
gogas pluraque alia illicita faciunt. »

quoi ils avaient plus de pouvoir que les prêtres catholiques (1).

3° Un point qui revient dans tous les interrogatoires et qui paraît fondamental, c'est celui de la confession. Tous les accusés déclarent s'être confessés plus ou moins souvent aux barbes. Cet acte se faisait comme chez les catholiques, le pénitent se mettant à genoux pour l'aveu de ses fautes et le barbe élevant la main sur la tête de celui-ci pour l'absoudre. Cette confession avait lieu de préférence la nuit, et n'importe où, quelquefois en plein champ, souvent dans une grotte ou une étable. Comme pénitence, les barbes prescrivaient la récitation d'un certain nombre de *pater noster*, et les coupables se retiraient persuadés d'avoir reçu le pardon de leurs fautes (2).

---

(1) Voir aux *Pièces justificatives*, n° VI. — Registre B, f° 133 : 2 avril 1488, à Embrun, devant Albert de Cattaneo, interrogatoire de Jean Berthelon, de Freyssinières. L'accusé déclare qu'il s'est plusieurs fois confessé au barbe Etienne. « Interrogatus de doctrina ipsorum data per predictam barbam vel confessorem, respondit quod docuit eum quod vanum est orare pro mortuis, quia nullum est purgatorium, et quod nos debemus tantum orare unum solum Deum, non autem sanctos quia non audiunt preces nostras neque intelligunt quid fit in terra, quodque de sanctorum festivitatibus et jejuniis et vigiliis eorumdem necnon peregrinationibus non est curandum, et quod tantum valet sepeliri in agro quam in cimeterio, et quod tantum valet aqua pluvialis sicut aqua benedicta, quia omnes aque sunt benedicte a Deo et quod quadragesima debet intrari obmissis primis quattuor diebus, et quod secta sua et credentia sua est melior ceteris quia ipsi tenent vitam apostolicum et servant vitam Christi et paupertatis, presbiteri autem romane ecclesie male vivunt et servant divitias, propterea ipsi habent meliorem potestatem quam presbiteri romane ecclesie, quia quantum quis habet bonitatis tantum et auctoritatis, et quod est peccatum mortale mendacium..... »

(2) Registre B, f° 190 : 10 avril 1488, interrogatoire de Durand Roux, de Freyssinières : «...Item, quod in sua confessione imposuit sibi manum super caput ejus in signum absolutionis prout et sacerdotes faciunt et dedit sibi in penitentiam sex pater noster, credendo esse bene justum

4º C'est en Dieu seul, disaient les barbes, qu'il faut placer sa confiance : les saints, la Sainte Vierge elle-même ne peuvent rien pour nous, étant semblables à nous.

5º Mentir est toujours un péché mortel et, dans aucune circonstance, il n'est permis de prêter serment.

6º Abandonner la secte, dénoncer ceux qui en font partie, ce sont là des péchés irrémissibles.

7º Après la mort, l'âme ne trouve devant elle que le ciel ou l'enfer. Le purgatoire n'existe pas. Il est donc inutile de prier pour les morts.

8º La prière, faite en pleine campagne ou même dans une étable, est aussi bonne que celle qu'on adresse à Dieu dans l'église.

9º Le pape et les évêques n'ont pas le pouvoir de porter des censures. Il n'y a que Dieu qui puisse excommunier.

10º Il est aussi bon d'être enseveli dans un champ quelconque que dans un cimetière béni. L'eau de la pluie a autant de vertu que l'eau bénite par les prêtres. Dieu n'a-t-il pas béni lui-même l'eau et la terre?

11º Les fêtes que l'on doit célébrer sont les suivantes : Noël, Pâques, la Pentecôte, l'Ascension et la fête du corps du Christ. Quant à celles que l'Église a établies en l'honneur de la Vierge et des saints, on ne doit pas en tenir compte.

12º Il n'y a pas à se préoccuper des Quatre-Temps et des Vigiles, que le Christ n'a point établis ; mais il faut observer le carême, en ne commençant toutefois le jeûne que le lundi

---

et sanctum dedit fidem verbis suis.....» — Ibid. 28 avril, interrogatoire de Marie Bertrand, femme de Jacques Ripert, de Freyssinières : «...quando ipsa loquens erat etatis duodecim annorum, ipsa existente et manente in domo Turini Bertrandi sui patris, venit quidam barba, qui eamdem requisivit ut ipsam audiret de confessione, que loquens eidem respondit quod si esset res fienda, bona et utilis, accederet ad eum, et sic loquens ad illum non voluit confiteri peccata sua, nec confessa est unquam alicui.....»

après le premier dimanche, selon la coutume Ambrosienne, *more Ambrosiano* (1).

Telle est, dans ses grandes lignes, la doctrine des Vaudois. Comme on le voit, elle a plus de points de contact avec la nôtre qu'on ne le suppose communément. Ces hérétiques croyaient en particulier à la présence réelle; ils admettaient la pénitence et les autres sacrements de l'Église : ce sont là des faits très remarquables et sur lesquels on ne saurait trop attirer l'attention des protestants de bonne foi (2). Un moment on avait cru découvrir dans les Vaudois des Alpes les représentants du vrai christianisme, qui s'étaient perpétués à travers les siècles et pouvaient servir de trait d'union entre les fidèles disciples des apôtres et les Réformés du XVIe siècle. C'est une pure légende qui ne repose sur aucune don-

---

(1) Ce n'est que depuis le IXe siècle que l'abstinence du carême commence au mercredi qui suit la Quinquagésime ; de là vient que ce dimanche a été appelé *carniprivium novum*, par opposition au *carniprivium vetus*, qui désigne le premier dimanche de carême.

(2) Ce point avait été particulièrement mis en lumière par Bossuet (op. cit.). Les documents que nous publions aujourd'hui viendront absolument confirmer ce jugement d'un auteur moderne, qui connaît à fond la littérature vaudoise : « Pendant un assez long temps même, les « disciples de Waldez furent à la fois unis à l'Eglise et séparés d'elle. « Ils demeuraient attachés à l'Eglise qui les repoussait, comme ces ca- « tholiques que l'Eglise condamne aujourd'hui à cause de leur libéra- « ralisme ecclésiastique ou dogmatique, mais, qui, tout en répudiant « telles ou telles de ses croyances, et en condamnant ses abus ne s'en « déclarent pas moins ses enfants et estiment être les véritables et « fidèles catholiques. Plus tard, les Vaudois s'émancipèrent, modifièrent « sous la pression des événements et des persécutions leurs idées reli- « gieuses, jusqu'au jour où ils finirent par se rallier au protestantisme. « Cette évolution dans la dogmatique a laissé des traces profondes dans « la littérature de la secte, et c'est précisément à cause de cela que le « problème des origines du parti et de ses développements, a une si « haute importance et qu'il a été récemment l'objet de si nombreux « travaux. » Montet (Edouard), *De l'origine des Vaudois et de leur littérature*, dans *Revue de l'histoire des religions*, t. XIX (1889), p. 502-6

née historique (1). La principale erreur des Vaudois, celle qui est vraiment la source de tous leurs égarements, est qu'ils faisaient dépendre l'autorité du ministère ecclésiastique du mérite des personnes: eux seuls formaient la véritable Eglise du Christ. Mais là où les protestants peuvent à bon droit les réclamer pour leurs ancêtres, c'est dans la haine qu'ils professaient pour l'Église romaine. Les uns et les autres tiennent ici le même langage : « C'est, disent-ils, la grande Babylone, la persécutrice des saints, la prostituée de l'Apocalypse et la source de toutes les erreurs ! »

Il nous faut maintenant aborder une question plus délicate. Après le dogme vient la morale. Que penser de la moralité des Vaudois ? Les plus graves accusations ont été portées contre eux, Gabriel Martin, abbé de Clausone, dans un rarissime volume de controverse religieuse, publié à Grenoble en 1640, présente les Vaudois comme entachés des crimes les plus abominables. Il a donné dans son livre quelques fragments des interrogatoires qu'Albert de Cattaneo fit subir à plusieurs d'entre eux en février, mars et avril 1488. Ces divers passages, qu'il eût bien mieux valu conserver dans le texte primitif, nous apprennent que les Vaudois se livraient dans leurs assemblées nocturnes à toute sorte d'horreurs et d'abominations. Le barbe, président de l'assemblée, faisait un sermon, puis donnait lui-même le signal de ces crimes, en employant une des formules suivantes: *Qui a aye, qui tient tienne ; — Qui estegnera lou lume de la lanterno aura la vita eterno* (2).

---

(1) Sans admettre la légende fabriquée par les protestants, M. Michelet *(Histoire de France, XVIᵉ siècle, chap. XVI)* en présente une autre de sa façon, très poétique, il est vrai, mais qui n'a qu'un défaut, c'est de n'avoir été le produit que d'une belle et puissante imagination.

(2) *Inscription en faux par messire Gabriel Martin, abbé de Clausone, contre le livre intitulé :* De la puissance du pape et des libertés de l'Eglise gallicane, *mis en lumière par le sieur Marc Vulson, jadis conseiller en la Chambre de l'Edict de Grenoble.* A Grenoble, chez Pierre Verdier, M.D.C.XXXX (in-8°, 314 pages), p. 219-231.

Albert, dans l'*Histoire ecclésiastique d'Embrun*, répète les
mêmes accusations : « Leurs abominations qu'on ne pou-
« vait plus ignorer, dit-il, excitèrent l'indignation et le zèle
« de toutes les puissances, du pape, du roi et des archevê-
« ques d'Embrun ; ils furent convaincus de faire la nuit des
« assemblées dans les granges champêtres ou maisons de
« campagne, où après avoir entendu la prédication de leurs
« ministres appelés barbes, qui finissaient leurs discours par
« ces paroles : *Qû estegnera lou lume de la lanterne aura la*
« *vite eterne*, et ensuite : *Qû auré aye et qû tent tienne*, le plus
« diligent de l'assemblée éteignait la lumière de la lanterne, et
« dans les ténèbres et l'obscurité, ils se livraient aux désor-
« dres des multipliants et renouvelaient les infamies des
« Manichéens. La fornication, l'adultère et l'inceste n'avaient
« rien de criminel pour eux, et suivant les décisions et
« l'exemple de leurs ministres, il n'y avait que l'inceste au
« premier degré qui fût un péché dont ils devaient s'abs-
« tenir (1). » Albert semble avoir tiré ces renseignements du
livre de l'abbé de Clausone ; mais les mêmes faits, puisés à
des sources bien différentes, se trouvent mentionnés ailleurs,
notamment dans l'*Histoire des Hérétiques d'Italie*, de César
Cantu (2).

En face de ces accusations, il est juste de faire remarquer
que les anciens auteurs, entre autres Renier, ont donné les
plus grands éloges à la pureté des mœurs des premiers Vaudois (3). Claude Seyssel, archevêque de Turin, qu'on véné-
rait pour sa sagesse et qui, en 1517, a vu de près les Vaudois
dans la visite de son diocèse, relève avec soin toutes leurs
erreurs, mais ne va point jusqu'à leur reprocher des actes

(1) (ALBERT, curé de Seyne), *Histoire géog., ecclésiast. et civile du diocèse d'Embrun*, t. I (s. n. d. l.) 1783, in-8°, p. 59.
(2) CANTU, *Les hérétiques d'Italie. Les précurseurs de la Réforme*,
t. I, p. 141-157.
(3) Cf. BOSSUET, *Histoire des variations* (édition Guérin), p. 381.

d'immoralité : il n'avait pas néanmoins une haute idée de ce peuple, qu'il qualifie de race abjecte et brutale (1). Tous les auteurs protestants, cela va sans dire, traitent d'infâmes calomnies tout ce qu'on a écrit de défavorable sur les mœurs de la secte, pour laquelle ils ont un faible très marqué. Perrin dit avoir eu la preuve que les inquisiteurs falsifiaient les réponses des accusés, afin de les rendre odieux en les chargeant de crimes imaginaires (2).

---

(1) Cantu, op. cit., t. IV, p. 477 ; — Gabriel Martin, op. cit., p. 230.

(2) Perrin (Paul), *Histoire des Vaudois*. Genève, 1618 (in-8°, 248 pp.). Cet auteur a eu entre les mains un certain nombre de documents de l'officialité d'Embrun. Il raconte lui-même comment il a pu se les procurer, p. 128 : « Que si le lecteur veut scavoir comment tels procès nous « sont tombés en mains, c'est ici où de rechef la Providence de Dieu... « (en 1585, à la prise d'Embrun par Lesdiguières)... tous lesdicts procès « intentés par plusieurs certaines années contres lesd. Vaudois ayant « esté jettés en la rue, à cause que le feu avoit été mis en la maison de « l'archevêque par les ennemis mesmes, en intention de deffendre une « tour nommée *tour brune*, où ils s'étoient retirés et pour coupper une « galerie de bois par laquelle de l'archevêché on allait à ladite tour. « Là se trouvant le sieur de Calignon, d'heureuse mémoire, et le sieur « Vulson..... ils firent recueillir lesd. sacs et procès..... » Après avoir rapporté les considérants d'une sentence rendue par l'inquisiteur François Plovier contre des Vaudois de Freyssinières, en 1489, il dit : « Mais « cet inquisiteur adjouta aux articles de la croyance d'iceux qu'ils « tenoient que pour l'augmentation du genre humain, on peut s'accoin- « ter de sa propre sœur, nepce ou aultre en quelque degré de proximité « que ce soit, parce que Dieu a dit : *Croissés et multipliés.* » Et pour prouver que c'était bien l'inquisiteur qui chargeait ainsi à plaisir les Vaudois, Perrin écrit ces lignes : « Il n'y a aucun tesmoing, quoique « la plupart de ceux qui fussent ouy fussent prêtres ou moynes, qui « enquis par ledit moyne s'ils scavoient point qu'ils eussent la croyance « contenue auxdicts articles, qu'il ne dit qu'il n'avoit jamais seu qu'il y « eut parmi les Vaudois telles choses ne enseignées, ne pratiquées. » Les témoins entendus ne sont ni prêtres, ni moines ; ce sont les Vaudois eux-mêmes qui parlent de leur doctrine et de leurs mœurs. On doit ajouter bien peu de confiance aux affirmations d'un auteur qui, pour jeter l'odieux sur l'Eglise catholique, raconte, entre autres choses, que

Le lecteur connaît maintenant l'état de la question. Pour
y donner une réponse, nous voulons nous borner à consi-
gner ici le résultat de nos recherches dans les deux seuls
registres qu'il nous a été donné de parcourir. Les registres que
Gabriel Martin a consultés sont peut-être perdus (1) ; nous ne
pouvons donc contrôler ses citations, mais nous ne parta-
geons nullement l'opinion des historiens protestants, qui
veulent en faire une sorte de faussaire et le présentent comme
l'auteur de ces textes. Ce sont là des choses qui ne s'inven-
tent pas. L'abbé de Clausone indique soigneusement les
sources où il a puisé, il invite les contradicteurs à vérifier
l'exactitude de ses témoignages, et nul d'entre eux à l'époque
n'a pu, documents en mains, le convaincre de fausseté et de
mensonge. Quelques auteurs disent encore qu'on ne saurait
accorder aucune autorité à des dépositions arrachées par la
torture et dans lesquelles on parle, en même temps que des
doctrines vaudoises, de scènes diaboliques étranges. Sur près
de trois cents dépositions que renferment nos deux registres,
il n'est fait mention de la torture que dans deux ou trois
circonstances au plus: c'est spontanément, sans subir aucune
violence, que les Vaudois arrêtés sous Albert de Cattaneo
exposaient les doctrines et les pratiques de la secte. Enfin,
dans les registres de cet inquisiteur, il n'est jamais question
de scènes diaboliques : on ne doit pas confondre les procédures faites contre les sorciers et sorcières des Alpes en

dans la fameuse expédition de 1488, dont nous aurons plus loin à nous
occuper : « on trouva dans lesdites cavernes quatre cents petits enfants
« étouffés en leurs berceaux ou entre les bras de leurs mères mortes »
(p. 130-2). — Les registres et les papiers, cités par Perrin, sont à la
bibliothèque de l'université de Cambridge.

(1) Il nous apprend lui-même (p. 195) que les documents utilisés par
lui provenaient les uns des archives de la chambre des comptes, les
autres des archives de l'archevéché d'Embrun. Les premiers lui avaient
été signalés par le président le Blanc, qui paraît-il, étudiait certains
points de notre histoire locale.

1437 avec celles faites par les inquisiteurs contre les Vaudois
en 1487 et 1488. Dans ces dernières, inquisiteurs et accusés
nous apparaissent comme des gens très raisonnables et parlent
comme nous parlons aujourd'hui.

La question de moralité n'était pas adressée indistinctement
à tous les Vaudois qui comparaissaient au tribunal de l'inquisiteur, mais à ceux-là seuls qu'on avait des motifs de soupçonner coupables ou qui pouvaient être en mesure de fournir d'utiles renseignements. C'est ainsi que sur les trois cents
Vaudois inculpés, une soixantaine d'entre eux, seulement,
hommes et femmes, sont interrogés touchant les mœurs :
quelques-uns déclarent qu'ils ne savent rien et que les barbes
ne leur ont jamais donné à cet égard que d'excellents avis (1);
d'autres disent qu'ils ont entendu parler de la synagogue ou
assemblée nocturne, mais qu'ils ignorent absolument ce qui
s'y passe (2) ; il en est enfin un certain nombre, une vingtaine

---

(1) Registre B, f° 126 : « Interrogata, quando dicti barbe erant in domo,
quid faciebant, an sermocinabant aut alia agebant et si fuit in eorum
sermones in domo sua. Interrogata si in fine dicti sermonis dicebant
ipsi barbe : qui habet habeat, et si fuit carnali copula cognita per ho-
minem, respondit quod non. Pluribus interrogatoriis sibi factis dixit se
nescire, petens humiliter beneficium absolutionis sibi impendi. Et prefatus reverendus d. commissarius injunxit ut una cum aliis qui secum
venerant, ipsa veniret publice in templo... et ibidem moraretur genibus
flexis, cum candela accensa in manibus, et publice et alta voce simul
cum aliis veniam peteret. » — Ibid., f° 129 : « Item dixit quod defende-
rent quod haberent participare cum aliqua muliere, nisi cum sua, quia
erat maximum peccatum » — Ibid., f° 130 : « De peccato carnis, dixit
et respondit se nichil scire, quia non fecerunt mentionem in sermone. »
(2) Registre B, f° 181 : « Item dixit quod audivit dici a pluribus quod
synagoga fit in domo Johannis Ruffi, de Fraxineria, sed tamen dixit
quod nunquam fuit in eadem. » — Ibid., f° 263. Jean Bérard, fils d'Esprit Bérard, de l'Argentière, âgé de 20 ans : « Item fuit interrogatus si
fuit in synagoga seu congregationibus in quibus dicunt : qui habet
habeat et qui tenet teneat, respondit quod sic, quod semel in domo
Pauli Berardi, de Argenteria, videlicet qua erant Jacobus Berardi, de
Argenteria, filius dicti Pauli, Ennemundus Durandi, Paulus Berardi,

à peu près, qui font des aveux plus ou moins complets.
Ceux-ci disent que la doctrine de la secte enseigne que la

---

Anthonius Violini, et plures mulieres, in qua congregatione predicabat
barba Simundi, et facta sermone fecit infocare lumen, tamen nescit si
se ad invicem cognoverunt. Aliud nescit. — Ibid., fᵒ 277. Le 10 avril
1488, à Embrun, Paul Bérard, de l'Argentière, âgé de 55 ans, comparaît
devant Albert de Cattaneo : «.... Item fuit interrogatus super synagoga,
si unquam fuit in eadem et si teneatur in domo sua, respondit quod
non, ignorando ipsam synagogam, ponens se pene ignis casu quo se
veraciter reperiretur culpabilis de eadem synagoga. » Il est ajourné au
23, jour où il comparaît de nouveau, fᵒ 280 : « ..... Ita verum esse sicut
dixerat, excepto in interrogatorio sibi super synagoga, an fuit tenta et
facta in ejus domo per dictos barbas Valdenses, qui dixit et respondit
quod ipsi barbe Valdenses predicabant in ejus domo, prout ipse audivit, et quod erant presentes ibidem duntaxat domestici, sed aliud
nescit. Item fuit ultra premissus interrogatus si vellet sibi imponi penam ignis, casu quo reperiretur ipsum fuisse in synagoga, in qua dicunt
in fine sermonis dicti barbe : qui habet habeat et qui tenet teneat, respondit et dixit quod non, quia essent aliqui malevoli qui deposuerent
in contrarium, dicens omnia alia contenta in dicta sua prima deposi-
tione fore vera, petens ut supra beneficium absolutionis sibi impendi,
qui quidem ipse d. commissarius ipsum assignavit ad latius respondendum de fide ad diem XXV mensis hujusmodi aprilis. » Le 25 avril,
nouvelle comparution de Paul Bérard : « ... Respondit prius sibi lectis
et datis ad intelligendum quod omnia contenta in eisdem sunt vera.
Item fuit interrogatus ulterius si aliquis sibi diceret in sua presentia
quod congregationes fierent in ejus domo, si vellet sibi imponi penam
ignis, respondit quod esset contentus esse combustus, casu quo dicant
sibi in faciem veritatem, ex eo quia de premissis non se sentit culpabilem esse. Et dictus d. commissarius, premissis auditis, ad Paulum
injunxit ut una cum Glaudio Fabri alias Baridon, de Argenteria, accedere haberet et se presentare coram eodem commissario in loco Brianczonii, die quarta mensis proxime venturi (maii), in predicatione que
ibidem fieri debet, obtenturus beneficium absolutionis et alia facturus
que sibi erunt injuncta.» — Ibid., fᵒ 294 : Guillaume Porte, fils d'Eynard,
de l'Argentière, âgé de 25 ans : « Item fuit interrogatus si steterit unquam in congregationibus, in quibus ipsi barbe dicunt : qui habet
habeat, qui tenet teneat, respondit quod non, sed bene audivit et scivit
quod tenebatur in domo Spiritus Berardi ibidem synagoga seu congre-
gatio. » — Ibid., fᵒ 319 : Jacques Bérard, fils de Paul, de l'Argentière,

luxure n'est pas une faute, pourvu qu'il ne s'agisse ni d'une mère avec son fils, ni d'un frère avec sa sœur; les mariages entre parents ne sont pas prohibés; les Vaudois peuvent sans pécher avoir un libre commerce avec toutes les femmes de la secte, dès qu'elles ont atteint l'âge nubile (quelques-uns pourtant n'accordent cette liberté qu'aux personnes qui ne sont point mariées), et c'est l'accomplissement du précepte: « Croissez et multipliez-vous (1). » Le 3 octobre 1487, Guigues Bosc, de Mentoulles, interrogé s'il a eu des relations coupables avec quelques-unes de ses coreligionnaires, répond que cela ne lui est jamais arrivé à la synagogue, mais souvent en dehors de l'assemblée: il croyait du reste ne commettre

---

âgé de 20 ans : « Item, fuit interrogatus super synagoga, in qua barbe faciunt unum sermonem, in qua sunt ibidem plures homines, tam mares quam femine, et in fine sermonis dicunt ipsi barbe : qui habet habeat, et qui tenet teneat, respondit quod bene audivit dici a tempore suo quod ipse erat accusatus quod synagoga tenebatur in domo sua ; aliud dixit se nescire. »

(1) Registre A, f° 242 : « Item dicunt quod habere matrimonium possunt in tertio et in secundo gradu, nisi sint sorores, et quod habere copulam cum mulieribus non est peccatum, quia peccatum carnis inter cetera vicia et peccata pro minimo reputatur. » — Ibid., f° 256 : « Item eidem dixerunt (barbe) quod nullum est peccatum habere copulam cum mulieribus, nisi inter fratres sorores, et quod possunt contrahere matrimonium in secundo et in tertio gradu, quia dominus dixit : crescite et multiplicamini et replete terram, quia peccatum carnis inter cetera vitia pro minimo reputatur. » — Ibid., f° 321 : « Item eidem dixerunt quod ipsi possunt contrahere matrimonium in secundo et in tertio gradu sine peccato, et quod possunt habere copulam carnalem cum mulieribus, nisi sint sorores et fratres, sine peccato mortali, quia peccatum carnis inter cetera vicia pro minimo reputatur. » — Registre B, f° 267 : « Item docuerunt eam quod non erat malefactum cohabitare cum mulieribus et eas carnaliter cognoscere, specialiter quando non sunt conjugate, sed quando sunt conjugate bene defendunt cohabitare cum aliqua, nisi tamen cum sua propria uxore.» — Ibid., f° 308 : « Barba dixit... quod peccatum carnis inter alia vicia non reputatur, quia melius est nubere quam uri et etiam quia Deus dixit : crescite et multiplicamini et replete terram. »

aucun péché en agissant de la sorte. Interrogé depuis combien de temps il fait partie de la secte, il dit qu'il y est entré
il y a trois ans environ, malgré les conseils de ses frères, qui
lui ont souvent reproché d'appartenir à une secte perverse et
condamnée par l'Eglise ; mais ce qui l'y avait attiré et ce
qui l'y maintenait, c'était précisément la facilité qu'il y trouvait d'assouvir ses passions (1).

Le lecteur a maintenant sous les yeux les pièces du procès,
celles du moins qu'il nous a été donné de recueillir ; qu'il
porte lui-même son jugement sur cette question de la mora-
ralité des Vaudois. Quoi qu'il en soit, il est du moins absolument certain que les détails relevés dans ces interrogatoires et
publiés partout excitèrent la plus vive indignation contre les
Vaudois. Paolo Sarpi, dont on ne suspectera pas ici le témoignage, affirme que ces hérétiques étaient en horreur à tous
leurs voisins, qui les tenaient pour adonnés à l'impiété et à
tous les vices impurs (2). A tort ou à raison, on les considérait de fait comme les pires ennemis de la société, et l'on s'ex-
plique les efforts réunis des autorités ecclésiastiques et civiles
pour en purger le pays. Mais il est temps de reprendre le
cours de notre récit et de raconter l'histoire des quelques
années qui nous séparent encore du XVIe siècle.

---

(1) Registre A, fo 74 : « Interrogatus si cognoverit aliquam, respondit
quod non in synagoga ; post tamen synagogam, tam de die quam de
nocte, cognovit plures mulieres carnaliter tam conjugatas quam non
conjugatas, dum tamen essent etatis tredecim vel quindecim annorum,
quia nullam reffutat quandoque, dummodo sit de secta, et ei dictum fuit
quod non esset peccatum. Interrogatus quantum temporis stetit in
dicta secta, respondit quod stetit per triennium, et eam ingressus est
contra ejus fratres qui increpabant eum et vilipendebant sibi, quia
remonstrabant quod erat perversa et dampnata secta, et quod ipse loquens (se) posuit principaliter in ea, causa explende libidinis, ut posset
cognoscere carnaliter mulieres ad libitum sue voluntatis, petens humiliter absolutionis beneficium sibi impendi. »

(2) Cité par César Cantu, op. laud.

Nous avons laissé Albert de Cattaneo en face des Vaudois du Val-Cluson qui préfèrent demeurer excommuniés plutôt que de répondre à ses citations. Si notre inquisiteur se heurtait à de sérieuses difficultés dans l'exercice de sa charge, il en avait aussi qui lui venaient d'autre part et en particulier d'un certain monde ecclésiastique, dont il avait vainement espéré et sollicité l'appui. Les dominicains se sentaient humiliés de n'être plus seuls à la tête de l'inquisition ; quelques membres du clergé, quelques laïques de leurs amis se mettaient au service de leurs rancunes, et ils allaient répétant tout haut qu'Albert n'avait pas le droit d'agir seul, comme il le faisait, et qu'en conséquence tous les actes de l'inquisiteur étaient entachés de nullité. On conçoit aisément le discrédit que de pareils discours, répandus dans le public, devaient jeter sur le tribunal de Briançon. Les hérétiques triomphaient de ces déplorables querelles. Les choses allèrent si loin que le pape dut intervenir. Le 23 octobre 1487, non seulement il suspendit les pouvoirs de Blaise de Berra, mais encore retira à ce dominicain le titre d'inquisiteur, que par un sentiment de convenance il avait cru devoir lui laisser jusqu'alors (1). Désormais Albert de Cattaneo sera dans le pays le seul inquisiteur. Le 30 octobre, nouvelle lettre d'Innocent VIII à Albert de Cattaneo : il l'autorise à faire signifier à Blaise de Berra, son ancien collègue, d'avoir à s'abstenir de toutes fonctions inquisitoriales (2). Enfin le pape écrivait

---

(1) Regître A, f° 12 : « ... Unde tuis litteris informati de his que postmodum consecuta sunt in partibus illis et in fidei favorem utilia tibi videbuntur in posterum, dicto Blasio, ne postquam de presentibus noticiam habuerit commisso sibi inquisitionis officio utatur in locis predictis tue commissionis, sub excommunicationis late sentencie pena et aliis que fratribus sui ordinis pro gravioribus culpis imponi consueverunt prius eo ipso incurrendis districte precipiendo inhibimus... Datum Rome, apud S. Petrum, sub annulo piscatoris, die XXIII octobris, 1487, pontificatus nostri an. 4°. »

(2) Regître A, f° 13 : « ... Datum Rome..., die penultima octobris 1487, p. n. an. 4°. »

encore, en date du 1ᵉʳ novembre, une troisième lettre à son fidèle commissaire dans les Alpes pour le féliciter de tout le bien qu'il avait déjà accompli et pour lui enjoindre de ne pas quitter ces contrées avant d'avoir achevé son œuvre, c'est-à-dire, confirmé les bons dans la foi et écrasé les méchants (1).

Cependant le terme de vingt-cinq jours assigné aux Vaudois expirait le 3 novembre. Une cinquantaine seulement de ces hérétiques avaient répondu aux citations et étaient venus demander grâce. Ce n'était pas les chefs du parti. Ceux-ci, retirés dans leurs vallées étroites et profondes, repoussaient toutes les avances de l'inquisiteur, ranimaient le courage des tièdes et se préparaient à une lutte opiniâtre. Albert voulut encore les attendre jusqu'au 7 novembre, employant son temps à faire subir de longs interrogatoires à ceux qui se trouvaient dans les prisons.

A la suite de la séance tenue le 7 novembre, l'inquisiteur fit pour la cinquième fois rédiger des lettres de citation, que les curés d'Usseaux, de Mentoulles et de Pragela durent promulguer encore du haut de la chaire ; les hérétiques, invités à comparaître, y étaient nommément désignés. Ces lettres portaient en subsrance qu'on voulait à l'égard des hérétiques épuiser en quelque sorte la miséricorde, mais que s'ils demeuraient sourds à ce dernier appel, on se verrait contraint de les déférer à la puissance séculière, et qu'ils pouvaient compter sur la visite prochaine de la force armée (2). La pu-

---

(1) Registre A. f° 15 : « ... Perspectis bonis operibus tuis in extirpanda istis in locis heresi, volumus ac tibi presentium tenore mandamus ut istinc non discedas aliquo modo, nisi absoluto penitus tuo munere et confirmatis in orthodoxa fide catholica animis, eruta aut oppressa hereticorum secta, extendentes facultatem tuam inquirendi et tibi in negocio fidei datam commissionem contra ipsos hereticos procedendi, ut justicia ministretur... Datum Rome, apud S. Petrum die vigesima prima novembris 1487, pontificatur nostri anno 4°. »

(2) Registre A, f° 107 : « Cupientes morbidas oves... » Le nombre des hérétiques cités est de 220.

blication de ces lettres menaçantes ne fut pas sans causer quelque effroi dans le pays. On redoutait l'arrivée des hommes d'armes. Les catholiques n'étaient pas moins inquiets que les autres, car à cette époque, en temps de guerre, amis et ennemis, tous avaient cruellement à souffrir du passage des terribles bandes de soldats qui formaient alors les armées dites régulières ; elles traînaient après elles le pillage, le meurtre et l'incendie. Aussi plusieurs catholiques tentèrent un suprême effort pour conjurer l'orage. Guillaume Olagnier, vice-châtelain de Mentoulles, Jean Vinczon, notaire, et Jean Broë vinrent trouver l'inquisiteur à Briançon ; ils le supplièrent d'attendre encore quelque temps et de favoriser ainsi par sa patience, sa mansuétude, le retour à l'Eglise véritable des hérétiques du Val-Cluson, qui, disaient-ils, n'étaient pas éloignés de se convertir. Albert leur répondit que les habitants des vallées n'avaient qu'à confier leurs intérêts à des délégués, honnêtes et bons chrétiens, avec lesquels on réglerait les conditions du retour. Guillaume Olagnier et ses compagnons parurent satisfaits de cette réponse ; ils ajoutèrent qu'ils s'emploieraient activement auprès de leurs compatriotes pour hâter leurs conversions et qu'ils ne doutaient point du succès de leur entreprise, pourvu qu'on n'en vînt pas encore aux mesures de rigueur, notamment qu'on ne fît aucune arrestation. Albert les congédia en les assurant qu'il apporterait dans cette affaire toute la bonne volonté, toute la douceur désirables : seuls les endurcis, les opiniâtres sentiraient s'appesantir sur eux le bras de la justice (1).

---

(1) Registre A, f° 114-115 : « ... Requisierunt insuper pro parte hominum Vallisclusonis quod si ipse faceret fidem quod non incarcerentur, quod omnes ad unitatem fidei reddirent et ad prefatum dominum commissarium pro obtinendo absolutionis beneficio venirent. » Albert répondit : « Quod si venirent et eos vere et bono corde reddire videret, eis omnem humanitatem faceret, neque ipsos, nisi de consilio ibidem existentium, nisi pertinaces... »

Que firent auprès des Vaudois du Val-Cluzon les trois personnages dont nous venons de parler? nous l'ignorons, mais s'ils tentèrent d'agir sur l'esprit de ces hérétiques, leur action n'eut pas de résultat appréciable. Les Vaudois, encouragés par la présence des barbes, qui leur firent croire à la prochaine intervention du roi en leur faveur, attendaient les événements. L'inquisiteur voulut en finir. Le 16 novembre 1487, après une longue séance consacrée à des interrogatoires, Albert de Cattaneo, du haut de son tribunal (*sedens pro tribunali, more majorum*), prononça avec une solennité inaccoutumée (*Exsurge, Domine, in ira tua...*) la sentence définitive qui déclarait tous les Vaudois du Val-Cluzon excommuniés, hérétiques, relaps, et comme tels livrés au bras séculier. Les juges devront leur appliquer les lois existantes, et si la mort est la peine qu'ils méritent, l'Eglise implore encore pour eux la pitié, la compassion des autorités séculières. Tous les biens, meubles et immeubles, de ces hérétiques demeurent d'ores et déjà confisqués au profit de leurs seigneurs temporels et de la chambre apostolique (1).

---

(1) Registre A, f⁰ 122-127: « Exsurge, Domine, in ira tua et exaltare in finibus inimicorum tuorum, quia dilexerunt maledictionem et veniet super eos, et noluerunt benedictionem et elongabitur ab eis: armentur leges et insurgant jura contra ipsos et gladio ultore ferientur et nomen tuum, Deus, ubique celebretur. Cum nos Albertus de Capitaneis..... ne ipsi pestiferi homines suis machinationibus infidelitate gregem Dei inficiant.. eosdem in pede præsentium descriptos vobis et vestre seculari potestati ut hereticos publicosque Valdenses infideles, in erroribus pertinaces, relinquimus et ad penas canonicas et legitimas seu similes contra hujus modi hereticos statutas, decretas, stabilitas et ordinatas ac pervulgatas sustinendas indicimus, pronunciamus et sententiamus per hanc nostram sententiam, et recommendamus nichilominus a vobis pro meritis recepturos, et si forte juxta sanctiones legales antedictas, vobis jura servantibus, vita privandi videantur, pro damnandis ipsis qualem decrevit sancta mater Ecclesia et in eosdem misericordiam imploramus eorumque omnium et singulorum bona, pro dymidia, camere apostolice et officio commissionis nostre, pro alia autem dymidia, Regis fisco confiscamus et applicamus, ipsorum tamen limitatione vobis et magni-

Il restait maintenant à faire exécuter la sentence. Le parlement de Grenoble, informé par l'inquisiteur de ce qui venait d'avoir lieu, nomma des délégués pour aller sur place se rendre compte de l'état des choses et prendre, de concert avec le commissaire apostolique, les mesures les plus efficaces à procurer la conversion ou bien l'extermination des Vaudois. Philippe de Savoie, gouverneur du Dauphiné, écrivit au roi, lui exposant les désordres dont le Val-Cluzon et le diocèse d'Embrun étaient le théâtre, aussi bien que les remèdes qu'on songeait à y opposer. Voici la réponse que fit Charles VIII :

« Mon oncle, j'ay receu les lettres que m'avés écrites et
« vous mercie des nouvelles que par icelles m'avés fait sca-
« voir. Mon oncle, j'ay esté adverty qu'en mon pays de Daul-
« phiné y a une secte de gens qui a vrayment de grands
« erreurs contre la foy et que Nostre Sainct Père le pape y a
« envoié commission pour les reprimer et corriger, et ainsy
« que vous avés commis quelques uns de mes officiers pour
« en scavoir la vérité, dont je vous en scay fort bon gré et
« vous prie qu'advant vostre partement vous y donniés avec
« le commissaire de Nostre Sainct Père le pape la permission

---

ficis dominis parlamenti gratianopolitani reservata..... Lecta, lata, specificata et promulgata fuit predicta sententia in scriptis per prefatum d. commissarium anno Domini millesimo IIII° octuagesimo septimo, indictione quinta, die XVI° mensis novembris, hora vesperarum, sedendo pro tribunali, Brianczonii, in hospitio Beate Marie, in qua habitat prefatus d. commissarius...., presentibus ibidem venerabilibus viris dominis priore Menthollarum, presbytero Johanne Motteti, presbytero Laurentio Lamberti, capellano Sesane, et magistro Anthonio Patrisdon, gardiano S. Francisci, ordinis Fratrum Minorum,... necnon... dominis Oroncio Eme, judice Brianczonesii et Anthonio Odoardi, castellano Brianczonii... — Eodem die,... comparuerunt vigore citationum..... Johannes Lantelmi, filius quondam Francisci, Johannes Lantelmi, filius quondam Johannis, Bermundus Broc, Simundus Fabri alias Jat, Martinus Bellardi, Petrus Choleti alias Barleti, Michael Grioti... excusantes se quod citius venire non potuerunt propter longinquitatem itineris, petentes misericordiam... »

« vous verrés y estre nécessaire, car pour rien je ne voudrais
« souffrir de telles erreurs avoir lieu en mon dit pays. Si
« vous prie de rechef que n'y faites faulte. Et a Dieu, mon
« oncle, qu'il vous ayt en sa garde. Ecrit à Rouen, ce 6 jour
« de décembre. CHARLES. (1) »

On ne pouvait songer alors à une expédition militaire contre les Vaudois ; il fallait attendre la fin de l'hiver, toujours
rigoureux dans nos montagnes. D'autre part, avant de commencer la campagne, on voulait savoir si les Vaudois du
diocèse d'Embrun, très nombreux à l'Argentière, à Freyssinières et dans la Vallouise, se montreraient aussi intraitables
que leurs frères du Val-Cluzon : dans ce cas la croisade
aurait un double but et serait dirigée contre les uns et les
antres. Albert de Cattaneo, qui passait ses journées à interroger des hérétiques à Briançon, écrivit donc à tous les curés
et vicaires du diocèse d'Embrun, leur enjoignant d'inviter du
haut de la chaire tous les Vaudois et tous ceux qui se sentiraient coupables, en fait d'hérésie, à se rendre auprès de l'inquisiteur à Briançon pour y abjurer leurs erreurs ; le pardon
le plus complet et sans aucune pénitence canonique était
promis à tous ceux qui, dans un délai de trois jours, feraient
leur soumission. Quelques Vaudois seulement se présentèrent, et nous voyons le 24 décembre l'inquisiteur occupé à
interroger divers hérétiques de l'Argentière.

En décembre 1487, Albert avait écrit à Innocent VIII pour
lui soumettre un cas qui ne laissait pas de l'embarrasser et
sur lequel il demandait une solution. Le nombre des Vaudois
qui sollicitaient le bénéfice de l'absolution augmentait chaque
jour ; mais ces conversions faites en présence des instruments

---

(1) GAILLAUD (l'abbé). *Ephémérides pour servir à l'histoire des Hautes-
Alpes*. Paris (Gap, imp. Jouglard), 1874, in-8°, p. 535. L'auteur de cet
ouvrage se trompe en datant cette lettre de l'année 1488. L'itinéraire de
Charles VIII démontre qu'il ne peut être ici question que de l'année 1487 :
au mois de décembre de cette année, le roi était, en effet, à Rouen.

de torture, à la veille d'une visite des hommes d'armes, étaient-elles sincères ? Il y avait souvent lieu d'en douter. Quelques hérétiques, en effet, qui avaient abjuré leurs erreurs et s'étaient prêtés au cérémonial de la réconciliation solennelle, n'avaient point tardé, de retour chez eux et devenus libres, non seulement de faire profession ouverte des doctrines de la secte, mais encore d'encourager leurs coreligionnaires à se montrer plus fermes qu'ils ne l'avaient été eux-mêmes. L'archidiacre demandait quelle conduite il devait tenir avec ceux dont la conversion lui paraissait plus que douteuse. Y avait-il lieu ici d'appliquer le principe : *favores sunt ampliandi*, et fallait-il se contenter de ces protestations de soumission, d'obéissance, lorsqu'on croyait avoir des motifs d'en suspecter la sincérité ? Ou bien devait-on livrer leurs auteurs, comme les incorrigibles, les impénitents, au bras séculier ? On pouvait s'y attendre, la réponse du pape fut pleine de sagesse et de modération. Le 3 janvier 1488, Innocent après avoir félicité l'inquisiteur de son zèle et de ses succès, arrive à la question qui lui est adressée: on ne peut, dit-il, la trancher *a priori;* chaque cas demande à être examiné en particulier ; il a toute confiance dans les lumières, la sagesse, la vertu de son représentant ; il l'engage à s'entourer de conseils d'hommes prudents et éclairés et lui signale en particulier Oronce Emé comme un homme sage et expérimenté : on ne doit livrer au bras séculier que des hérétiques dont l'impénitence est notoire et absolument certaine ; si donc pour quelques-uns, après mûr examen, le doute sur leurs bonnes dispositions persiste, il devra faire enfermer dans les prisons épiscopales ces pénitents suspects, envoyer à Rome les pièces de leurs procès et attendre la décision que prendra l'autorité apostolique (1). Le pape écri-

---

(1) Registre A, f° 15, verso : « Premittende nobis fuerunt littere tue, quibus intelleximus magnam multitudinem Valdensium Vallisclusonis et aliorum locorum Delphinatus, evulsa larva quam inimicus humani

vait encore à Albert de Cattaneo le 27 janvier pour lui
continuer ses pouvoirs, notamment pour l'autoriser de nouveau, en termes formels, à agir seul dans l'exercice de sa

---

generis in cordibus eorum seminuverat, ad lumen veritatis rediisse.
Gaudendum quippe est cum angelis Dei et omnibus Christi fidelibus
congratulandum censemus, cum aberrantes oves ad caulam sacrosancte
Romane Ecclesie redducuntur; sed sunt, ut scribis, nonnulli qui postquam a te legitime moniti et, precedentibus de eorum pertinacia manifestis judiciis, per unum arrestati, metu duntaxat, ut credis, proba-
tionum et tormentorum, impios confitentur errores et eos abjuraturos
et ad gremium sancte Romane Ecclesie se redire paratos asserunt: cum
tamen, ex multis authoritatibus, conjecturis et experientia multorum
qui pariformiter abjuratis erroribus relaxati demum deteriores effecti,
alios ad penitentiam redire volentes impediverunt et obstinatiores effe-
cerunt : unde opinaris supradictos, ut premititur, arrestatos non vere
dixisse et ut penas evadant fingere penitentes, et proptera a nobis def-
finiri postulas an debeas eos brachio relinquere seculari : nobis autem
non videtur ut absque legitima cognitione cause in facto ferre debeamus
sententiam; verum cum ipse inquirendi et puniendi hereticos, receptores ac fautores eorum facultate et auctoritate niteris, cumque in jure
expertus existis et in his partibus verseris ubi dilectus filius Oroncius
et alii jurisperiti et prudentes viri degunt, quorum consilio tuum poteris
formare judicium,... ea exequeris que sanctorum patrum decreta ju-
bent et secundum quod fidei catholice videbis expedire ; et ubi, pensatis
legitime circumstantiis, quid de jure, quantum ad predictos arrestatos
agere debeas quesitandus eris, nos eos sub tuta et fideli custodia alicujus episcopi circumvicini, quem duxeris eligendum, detineri volumus
et mandamus, quoad plenius informati aliud faciendum scripserimus.
Demum, quia ut scribis, aliqui dubitant an possis in similibus solus
procedere, propterea quod magister Blasius de Berra vel aliquis alius
forte fuerit in brevibus et commissione tibi facta nominatus, idcirco ad
tollendam omnem ambiguitatem, tibi concedimus pariter et impertimus
plenariam et liberam facultatem contra dictos et alios quoscunque hereticos et receptores eorum, in partibus Pedemontanis, Delphinatus ac
provincia Provincie aliisque circunvicinis locis, solus procedere possis
et valeas, non obstantibus constitutionibus et ordinationibus apostolicis
litterisque contrariis quibuscunque. Datum Rome, apud S. Petrum,
sub annulo piscatoris, die tertia januarii millesimo quatercentesimo
LXXXVIII°, pontificatus nostri anno quarto. »

charge, faculté que lui déniaient toujours ses implacables adversaires (1).

Cependant, vers la fin de janvier 1488, arrivait à Embrun un personnage qui jouissait dans la province d'une haute autorité et qui avait déjà rempli avec succès plusieurs missions importantes et délicates : c'était le conseiller Jean Rabot (2). Le parlement l'avait chargé d'aller se rendre compte de l'état des esprits et de tenter un dernier effort auprès des Vaudois; on ne voulait en venir aux moyens violents qu'après avoir épuisé toutes les ressources de la persuasion. Le 30 janvier, Jean Rabot, accompagné d'Oronce Emé, se dirigea vers Saint-Crépin, petite localité voisine d'Embrun, où il avait invité les principaux d'entre les Vaudois à venir conférer avec lui. La conférence eut lieu. Que se passa-t-il ? Nous ne sommes malheureusement pas en mesure de le dire; nous savons toutefois que les députés vaudois consentirent à suivre Rabot jusqu'à Briançon, où ils virent l'inquisiteur. Ici se place un épisode qui peint au vif le caractère violent de ces hérétiques et l'esprit de haine qui les animait contre l'Eglise et ses représentants. Après quelques jours passés à Briançon, ils affichèrent la nuit des placards injurieux aux portes des maisons occupées par Rabot, Emé et l'inquisiteur, puis se hâtèrent de quitter la ville et de regagner leurs retraites inaccessibles (3). Le conseiller Rabot comprit par là qu'il faudrait employer les armes pour dompter l'opiniâtreté de ce peuple; il retourna à Grenoble et fit part à ses collègues du résultat de sa mission. La croisade fut résolue.

Nous avons exposé plus haut toute la série des procédures faites contre les Vaudois du Val-Cluzon; il serait fastidieux

---

(1) Registre A, f° 18.

(2) Voir pour l'histoire de ce personnage notre *Histoire généalogique de la maison de Rabot*. Valence, 1886, in-8° (110 pp.).

(3) *Histoire gén. de la maison de Rabot*, p. 13.

de revenir sur les mêmes détails, à l'occasion des autres procédures contre leurs frères du diocèse d'Embrun ; nous nous
contenterons de donner quelques dates précises. Le 5 février
1488, Albert de Cattaneo adressait des lettres aux curés de
l'Embrunais et les chargeait de citer nommément du haut de
la chaire soixante et dix Vaudois de l'Argentière, quatre-
vingt-huit de Vallouise et une centaine de Freyssinières.
Comme ils ne comparurent point, le procureur demanda
qu'on les excommuniât ; l'inquisiteur les cita une seconde
fois, et le 11 février, le messager fidèle, que nous connaissons,
attesta que les diverses citations avaient été faites régulièrement. Le 16 février, dans l'église de Briançon, Albert pro-
cède à l'excommunication des Vaudois endurcis et contumaces de l'Argentière, de Freyssinières et de Vallouise (candelis accensis et postea extinctis). Le 23, dernières lettres de
citation, avec menace cette fois d'être déclarés hérétiques
s'ils refusent encore de comparaître. Le 27, le procureur demande que la sentence d'excommunication soit couchée dans
les registres de l'inquisition, et qu'on en vienne enfin contre
les hérétiques aux mesures de rigueur (ad fortiora juris),
qu'on les déclare hérétiques, relaps et, comme tels, livrés au
bras séculier (1). Albert pourtant ne se hâtait pas de pro-
noncer la sentence définitive ; il voulait sans doute qu'entre
le jugement et sa mise à exécution, il ne s'écoulât pas un
temps trop considérable ; il attendait aussi d'être renseigné
sur les préparatifs ordonnés par le parlement. Quoi qu'il en
soit, il adressa le 1er mars aux inculpés de l'Argentière, de
Freyssinières et de Vallouise un suprême avertissement ; puis,
quelques jours après, le 8 mars, faisant droit enfin à la requête du procureur, il lut du haut de la chaire de l'église de
Briançon une sentence longuement motivée par laquelle tous
les Vaudois des localités désignées étaient déclarés hérétiques, relaps, et comme tels livrés au bras séculier : leurs

(1) Registre B, f° 30-70.

biens meubles et immeubles étaient confisqués au profit de la chambre apostolique et des seigneurs hauts justiciers, selon les lois en vigueur (1).

Si les Vaudois s'étaient flattés qu'on n'en viendrait pas contre eux aux mesures extrêmes, leur illusion dut être de courte durée. Dès le 5 mars, en effet, une petite armée, réunie par les soins du parlement, se trouvait à Grenoble prête à marcher contre les rebelles. Le lieutenant-général du gouverneur de la province, Hugues de La Palud, en prit lui-même le commandement, et Jean Rabot se rendit en toute hâte à Briançon « afin de pourvoir aux vivres nécessaires pour la « subsistance de cette armée, comme aussy pour essayer de « ramener par advertissements et remonstrances les Vaudois « de Freyssinières, de l'Argentière et de Vallouise, dans le « temps auquel on attaqueroit par le fer ceux des vallées de « Prajalla (2) ». Albert de Cattaneo publia la croisade et invita tous les fidèles de bonne volonté à se joindre aux troupes régulières, dont l'arrivée était attendue d'un jour à l'autre. Les catholiques qui habitaient les vallées vaudoises, théâtre de la prochaine guerre, furent invités d'avoir à en « retirer au plus tôt leurs personnes et leurs biens ».

Une grande agitation, prélude de la tempête, régnait dans le pays. Les chefs vaudois, sentant s'approcher l'orage, tentèrent encore de le conjurer ou du moins d'en retarder l'explosion. Ils firent signifier à l'inquisiteur qu'ils en avaient appelé de sa sentence au souverain pontife et au roi de France. Ce double appel occasionna en effet un arrêt de quelques jours dans la marche des événements; « mais la

---

(1) Registre B, f° 78-81 : « .... ipsos fuisse hereticos declaramus et, ut pertinaces hereticos, brachio seculari relinquimus, et bona eorum pro dimidia camere apostolice, pro alia vera dimidia dominis eorum applicamus ipsorumque dominorum (judicium) invocandum esse dicimus et per presentes invocamus, reservantes nobis facultatem mutandi, corrigendi... prout et quemadmodum...

(2) *Hist. gén. de la maison de Rabot*, p. 14.

« question étant proposée dans Grenoble sy on debvoit
« passer oultre, la réponse fut de ne faire nul arrest sur cette
« opposition ». De son côté l'inquisiteur, « par promptitude
« des postes, eut du pape confirmation de sa commission et
« du commandement de ne donner relache à cette pour-
« suite (1) ». Tous les obstacles étant levés, les troupes n'a-
vaient donc plus qu'à entrer en campagne.

Les Vaudois de Pragela, contre lesquels devait tout d'a-
bord se porter le flot des croisés, se voyant sur le point d'être
attaqués, prirent peur et se hâtèrent de dépêcher à l'inquisiteur quelques-uns de leurs vieillards pour implorer sa miséricorde et promettre toutes les soumissions et toutes les
abjurations demandées. Cette démarche parut au commissaire apostolique d'un bon augure. Il se montra très empressé
de faire le meilleur accueil à ces pénitents de la dernière
heure, et au milieu de l'allégresse générale, il les reçut à
Briançon dans la communion de l'Église. Deux Vaudois
pourtant des plus opiniâtres de la secte furent brûlés. Mais
les hérétiques de Mentoulles, d'Usseaux, de Fenestrelle et
des autres villages du Val-Cluzon ne se montrèrent point
disposés à suivre l'exemple de leurs frères de Pragela ; ils résolurent de se défendre et se retirèrent avec ce qu'ils avaient
de plus précieux au sommet des montagnes, dans des lieux
que semblaient rendre inabordables et les roches à pic et les
amoncellements de neige glacée. Ils se persuadaient qu'on ne
pourrait les atteindre dans ces retraites sauvages. Ils envoyèrent à l'inquisiteur, à Hugues de La Palud et à Jean Rabot
deux députés, gens d'un grand courage, qui, au nom de leurs
coreligionnaires, présentèrent la requête suivante :

« Nous, vrais fidèles du Val-Cluzon, tenons à vous dire,
« révérends et magnifiques seigneurs, de ne point vouloir
« prêter l'oreille aux accusations de nos ennemis et de ne
« point nous condamner, avant d'avoir entendu la vérité.

(1) *Hist. gén. de la maison de Rabot*, p. 14.

« Nous sommes de fidèles serviteurs du roi et de véritables
« chrétiens. Les maîtres dans notre loi, personnages égale-
« ment remarquables par la sainteté de la vie et par la doc-
« trine, sont prêts à vous montrer, dans un concile ou dans
« un synode, avec une clarté aussi grande que celle du jour
« et d'après des témoignages de l'Ancien et du Nouveau Tes-
« tament, que nous sommes en possession d'une doctrine
« parfaitement chrétienne. Bien loin de mériter d'être pour-
« suivis, nous sommes dignes d'éloges. Nous ne voulons pas
« imiter ceux qui foulent aux pieds l'Évangile et qui ont
« abandonné les traditions apostoliques; nous ne voulons
« point nous soumettre à une institution mauvaise. Ce que
« nous recherchons, c'est la pauvreté et l'innocence qui ont
« présidé à l'établissement et aux premiers développements
« de la foi orthodoxe. Les richesses, le bien-être et ce désir
« de domination qui possèdent nos persécuteurs, nous les
« méprisons. Vous avez résolu, dites-vous, d'étouffer nos
« croyances et notre secte ; prenez garde d'outrager Dieu et
« d'attirer sur vous sa colère ; prenez garde, en croyant faire
« le bien, de vous rendre coupables d'un grand crime,
« comme l'Écriture le dit de Paul avant sa conversion. Nous
« plaçons notre espérance en Dieu ; nous nous appliquons à
« lui plaire plutôt qu'aux hommes et nous ne craignons point
« ceux qui peuvent bien nous ôter la vie du corps, mais qui
« ne sauraient nous ravir celle de l'âme. Sachez toutefois que
« si Dieu le veut, tout ce déploiement de forces ne pourra
« rien contre nous. »

Tel est le langage, d'après une relation attribuée à Albert
de Cattaneo lui-même (1), que tinrent les députés vaudois.

_____

(1) La relation dont nous parlons ici se trouve dans un ouvrage
demeuré inédit et dont une copie est à la Bibliothèque nationale ; il
est intitulé : ALBERTI CATTANOEI, Placentini, archidiaconi Cremonensis,
_Historiæ regum a Pharamundo ad Ludovicum XII epitome._ Un extrait
de cette histoire, relatif au règne de Charles VIII, a été publié par
GODEFFROY, _Histoire de Charles VIII,_ Paris, 1684, in-f°, p. 277 et suiv.

Ce discours ne manquait ni de dignité, ni de fierté. L'archidiacre de Crémone leur répondit que les dépositions de plus
de trois cents de leurs coreligionnaires, revenus à la foi catholique, l'avaient pleinement édifié sur la secte vaudoise ;
que toutes leurs erreurs avaient été condamnées cent fois par
des conciles ; qu'ils étaient une cause perpétuelle de trouble
et de scandale; qu'ils étaient en hostilité ouverte contre
l'Église et contre la société civile ; qu'il n'y avait plus lieu de
discuter, mais de se soumettre. Albert les invitait encore à
revenir à la vraie foi, promettant l'oubli complet du passé ;
mais il était de son devoir, disait-il en terminant, d'attirer
leur attention sur les conséquences terribles que pouvait
avoir pour eux l'endurcissement : le glaive de la justice était
suspendu sur leurs têtes.

Ces menaces, que rendait plus redoutables encore la vue
de l'armée prête à marcher contre eux, effrayèrent les députés
vaudois; ils demandèrent un délai de huit jours pour réfléchir et proposèrent même à l'inquisiteur de recevoir les missionnaires qu'il voudrait bien leur envoyer, ajoutant qu'ils se
convertiraient sincèrement, si on leur démontrait qu'ils fussent dans l'erreur. On convint d'un jour pour une sorte de
conférence, et quand le moment fut arrivé, le prieur de Mentoulles, Aymar de La Roche, gouverneur de Pragela, Calixte
Fernand et quelques missionnaires s'acheminèrent vers le
lieu indiqué ; mais les hérétiques, dans un état de surexcita-
tion indescriptible, d'aussi loin qu'ils les virent paraître, se
mirent à les accabler d'injures (1). Comme il n'y avait plus
rien à espérer, l'armée prit la route du Val-Cluzon.

Hugues de La Palud, à la tête des croisés, arriva à Césane
un jeudi de la seconde quinzaine de mars, le 27 probablement. « Le lendemain, l'archevêque d'Embrun célébra ponti-
« ficalement la messe dans l'église paroissiale du dit lieu, et
« ensuite se firent diverses processions pour implorer le se-

(1) Relation attribuée à Albert de Cattaneo, l. c.

« cours du Ciel pour l'heureux succès de cette entreprise.
« Ses enseignes furent bénistes, l'indulgence plénière fut dé-
« partie par le nonce à tous ceux de cette armée, lesquels se
« croisèrent tous et prirent sur leurs habits la marque de la
« croix (1) ». Le samedi, l'armée commença l'attaque. Ne
pouvant avoir ici un guide plus sûr que la relation attribuée
à Albert de Cattaneo, nous allons fidèlement la traduire (2).

« Les hérétiques, comme nous l'avons déjà dit, occupaient
« des positions qui pouvaient sembler inexpugnables : de ces
« hauteurs ils faisaient rouler sur nos soldats des quartiers
« de rochers et lançaient des projectiles de toute sorte. Ce-
« pendant, avec l'aide de Dieu et pleins de cette ardeur
« qu'inspire la foi, les troupes massacrèrent un grand nom-
« bre d'hérétiques et, ayant réussi à enlever une position sur
« les flancs de la montagne de Fraisse, firent prisonniers
« quinze Vaudois, des principaux de la secte, qui furent livrés
« au dernier supplice. Le lendemain (dimanche 3o mars),
« elles se portèrent sur un autre point qui servait également
« d'asile aux Vaudois et qui était au-dessus de la roche Ro-
« dière. L'attaque fut conduite avec une grande vigueur ;
« mais les hérétiques qui avaient l'avantage de la position et
« faisaient rouler d'énormes rochers sur les flancs inclinés

---

(1) *Hist. gén. de la maison de Rabot*, p. 14-5.

(2) Nous pensons qu'il ne sera point inutile de placer au-dessous de
notre traduction le texte même de ce curieux récit : « Tum demum
archidiaconus, omnia prius juris ordine expertus, armorum remedio
utendum putavit. Et licet hæretici ea loca quæ, ut supra demonstravi-
mus, insuperabilia videri poterant, insedissent, molaribus per præceps
missis omnique telorum genere uterentur, Dei tamen virtute et fidei
ardore factum est ut, interfectis quampluribus hæreticis, cum fideles
tumulum qui in dorso Montis Fraxini erat expugnassent, quindecim
hæresiarchas sumpto supplicio affecissent, postridie ad aliud receptaculum, quod rupi Roderiæ imminebat accesserunt. Quod cum summis
viribus adorti fuissent, hæretici natura loci tuti, per prona montium
ingentia saxa devolventes, christianos repulerunt, ac, nonnullis cæsis,
multis vero vulneratis, ex rupe dejecerunt. Pugnatum est tamen sum-

« de la montagne, repoussèrent les croisés, en tuèrent quel-
« ques-uns, en blessèrent un grand nombre et finalement
« demeurèrent maîtres du terrain. Le combat pourtant avait
« duré depuis la pointe du jour jusqu'à la nuit, et les soldats
« avaient lutté avec fureur. Le lendemain *(lundi 31 mars)*,
« Hugues de La Palud, ayant dressé de nouveau ses ma-
« chines de guerre, s'apprêtait à recommencer l'attaque,
« lorsque les hérétiques, effrayés et désespérant de leurs
« forces, se rendirent d'eux-mêmes au chef de l'armée catho-
« lique. On les vit accourir, se prosterner la face contre terre
« et solliciter avec instance le pardon et la paix. Ils promet-
« taient d'abjurer sans retard l'hérésie et de revenir à l'Église,
« vers laquelle Dieu, par la voix des événements, les appe-
« lait. Après ces supplications et sur l'ordre de l'archidiacre,
« cette multitude fut conduite à Mentoulles : là, on célébra
« les divins offices, puis tous ces hérétiques purifiés du vieux
« levain et devenus une pâte nouvelle furent rendus à l'unité
« catholique.
« Ensuite l'archidiacre songea à guérir les hérétiques de
« Freyssinières, de l'Argentière et de Vallepute, localités à
« deux journées de marche du Val-Cluzon. Les avertissements
« qu'il fit entendre en ramenèrent quelques-uns ; les autres

---

mo mane usque ad vesperam, magna contentione animorum. Sequenti
die, cum machinas ad renovandam oppugnationem Ugo reparari jussis-
set, hæretici, territi ac suis viribus diffisi, Ugoni se dederunt : et humi
procumbentes veniam et pacem orare cœperunt, nullam moram futuram
dicentes quin, abjurata hæresi, ad unitatem sanctæ Romanæ ecclesiæ,
ad quam Dei nutu revocarentur, reddirent. Atque ita impetrata ab
archidiacono pace, omnis multitudo, ut ab ipso imperatum erat, Men-
tollas confluxit, ubi divinis rebus solemni ritu peractis, vetus fermen-
tum exuti et juxta apostolum nova conspersio facti unitati catholicorum
sunt restituti.
Tum archidiaconus, ad alios hæreticos vallium Fraxineriæ, Argenteriæ et Putæ, duorum dierum itinere a valle Clusonis distantes, ad sanitatem revocandos, Ebredunum concessit, ubi cum salutiferis monitionibus plures ad sanitatem revocasset, ceteros pertinaces armis do-

« demeurèrent opiniâtrement endurcis. Il comprit qu'il fau-
« drait employer les armes pour dompter ces rebelles et
« retrancher du corps de l'Eglise ces membres gangrenés et
« dont la guérison était désespérée. De nouveau il enflamma
« le zèle des fidèles du Christ qui étaient accourus de plu-
« sieurs cités et villages pour purger la province de cette
« hérésie qui la souillait. Sur ses avis, Hugues de la Palud
« pénètre dans la vallée de Freyssinières, par les gorges
« étroites qui y donnent accès. Les hérétiques y habitaient
« dispersés dans des granges et des hameaux ; ils se croyaient
« parfaitement en sûreté derrière leurs rochers sauvages et
« abrupts. Dès qu'ils virent le bataillon des croisés, ils se
« divisèrent en quatre bandes et se portèrent sur autant de
« points que l'art et la nature avaient fortifiés. Là se mani-
« festèrent la protection divine et la valeur de Hugues de la
« Palud. Une des retraites de l'ennemi était au-dessus du
« village de l'Eglise : nos soldats ayant tourné la montagne
« parvinrent à enlever cette position. Ce succès déconcerta
« les autres hérétiques qui voyant là sans doute une mani-
« festation de la volonté divine, descendirent de leurs mon-
« tagnes et vinrent implorer la miséricorde de l'archidiacre.
  « Celui-ci, persuadé qu'il fallait agir sans retard, se dirigea

mandos et putrida membra ferro abscindenda esse, quando aliter curari
non possent, existimavit. Excitatis igitur iterum Christi fidelibus, qui
ad extirpationem illius labis nefandæ ex plerisque civitatibus Delphinatus et oppidis convenerant, illius salubri hortatu, Ugo cum exercitu
vallem Fraxineriæ, quæ perangustis clauditur faucibus, ingressus est :
hæretici qui sparsis tuguriis et pagis habitabant, cum se collibus inviis
septos esse credidissent, ut conspexerunt fidelium agmen, in quatuor
receptacula, cum arte, tum natura ipsa, munitissima, se receperunt. Sed,
Deo favente Ugonisque in primis virtute egregia, factum est, ut cum
fideles receptaculum, quod oppido cui Ecclesia nomen est, imminebat,
per obliquum montis expugnassent, ceteri hæretici perculsi, et non
sine Dei voluntate id factum existimantes, de montibus descendentes
archidiaconi misericordiæ se submiserint : cujus jussu ad veniam petendam misericordiamque consequendam Ebredunum petiere.

13

« alors vers la Vallepute. Les hérétiques s'étaient réfugiés sur
« une sorte d'éminence qu'on nomme l'Aile-Froide, à cause
« des neiges perpétuelles qui l'entourent : ils y avaient trans-
« porté des vivres pour deux ans. Comme les exhortations ne
« les ramenaient point à la vérité et que, bien au contraire,
« ils déclaraient aux envoyés de l'archidiacre, chargés d'étu-
« dier le terrain, qu'ils occupaient des positions inexpugna-
« bles et qu'ils avaient juré de mourir pour leur croyance :
« l'inquisiteur excita de nouveau le zèle des fidèles du Christ.
« Les croisés rivalisent de courage et cherchent à gagner le
« camp ennemi, mais les hérétiques font alors rouler par les
« flancs abrupts de la montagne des rochers énormes qui
« tombent, se heurtent contre d'autres rochers et bondissent
« avec une épouvantable violence. Un grand nombre de
« croisés furent blessés ; d'autres écrasés. Il fallut retourner
« en arrière.

« Le lendemain, qui était un dimanche (13 avril), les
« croisés s'avancèrent de nouveau vers l'éminence qui servait
« de retraite aux Vaudois. Quelques jeunes gens de l'armée,
« dont le corps était agile et l'âme bouillante, tournèrent la
« montagne et parvinrent, à travers mille dangers, en escala-
« dant des roches abruptes, à en gagner le sommet. Les héré-

Inde archidiaconus, nullam moram interponendam ratus, ad vallem
Putam accessit. Confugerant hæretici in quemdam tumulum, qui a
perpetuis nivibus Ala Frigida nuncupatur, ibidemque alimenta quæ eis
per biennium sufficerent congesserant. Qui cum nullis exhortationibus
ad viam lucis reverti vellent, quinimo archidiaconi nunciis, rupis alti-
tudinem metiri jussis, se inexpugnabiles esse et pro secta sua mori
decrevisse respondissent, archidiaconus in eos Christi fideles concitat.
Quos in jugum montis pervadere conantes, supereminentes hæretici
ingentis magnitudinis saxa per prona montium devolventes, quæ incussa
sæpius subjacentibus petris majore vi incedebant, sauciatis quampluribus
Christicolis et obrutis, pedem referre coegerunt. Postero die, qui domi-
nicus erat, fideles ad tumulum accessere, ubi pars juvenum qui levitate
corporum et ardore animorum strenui erant, a tergo in cacumen montis
per invia et prærupta quæque evasit. Qui cum nec hæreticos lædere, prop-

« tiques étaient encore à l'abri de leurs coups, car le lieu où
« ils étaient retirés se trouvait dans une sorte d'enfoncement
« sur les flancs de la montagne ; d'autre part les jeunes gens
« ne pouvaient descendre jusque-là parce que le roc était
« vif et glissant. Ceux-ci firent alors un acte prodigieusement
« audacieux. S'aidant de solides cordes d'une longueur de
« plus de trois cents coudées, ils descendirent les uns après
« les autres, non sans courir les plus grands dangers, sur une
« petite roche d'où l'on dominait le camp des Vaudois, qui
« tout occupés à repousser les assauts donnés par les troupes
« d'en bas, ne remarquèrent point l'habile manœuvre. Tout
« à coup, avec une incroyable ardeur, les jeunes gens se
« précipitent sur l'ennemi et du premier élan s'empare de la
« position. Plus de quatre-vingt-dix Vaudois furent préci-
« pités du haut des rochers et trouvèrent la mort ; quant aux
« autres, on leur fit grâce de la vie.

« Ce fut ainsi que par la faveur divine et grâce à un stra-
« tagème inouï, les croisés devinrent maîtres de cet asile que
« la nature avait fortifié et où les Vaudois avaient multiplié
« les moyens de défense. Les hérétiques du val de l'Argen-
« tière, qui eux aussi s'étaient retirés au milieu de rochers
« inaccessibles, voyant que Dieu même combattait contre

---

terea quod concavus mons tegebat tumulum nec descendere ob illius
soliditatem possent, facto hominum robore, validissimis et longissimis
funibus, ultra trecentos cubitos, super parvula quadam rupe quæ tumulo
Valdensium imminebat vicissim se magno discrimine demisere. Quod
Valdenses qui ab aliis Christicolis aliquibus semper levibus præliis
inferius tentabantur et ad eos repellendos intenti erant, non animad-
verterunt. Tunc fideles summa vi in receptaculum hæreticorum ruentes
primo impetu tumulun cepere, et ultra nonaginta hæreticos præcipites
de rupe datos interfecere. Ceteris venia concessa est.

Capto et expugnato, Deo favente, inaudita arte et præter omnium
spem, fortissimo et munitissimo receptaculo, hæretici vallis Argenteriæ,
qui etiam in fortissimos præruptosque montes confugerant, videntes,
opitulante altissimi Dextra, nihil esse catholicis inexpugnabile, relictis
tumulis, humillime veniam petentes ad archidiaconum accessere, cujus

« eux et que tout cédait devant l'armée catholique, sortirent
« de leurs retraites et vinrent solliciter leur grâce avec des
« témoignages de la plus profonde humilité. L'archidiacre les
« convoqua tous à Embrun. Là, après de ferventes prières,
« de solennelles processions, tous ces hérétiques renoncèrent
« aux œuvres de ténèbres, et au milieu de la joie universelle,
« furent reçus dans le giron de notre sainte mère l'Eglise. »

Quel qu'en soit l'auteur, le récit qu'on vient de lire nous
semble retracer d'une manière fidèle les événements. En effet,
les quelques pièces qu'il nous a été donné de recueillir témoignent sur plusieurs points de sa parfaite exactitude. C'est
ainsi qu'elles nous montrent la petite armée catholique (1)
s'attaquer tout d'abord aux Vaudois de Val-Cluzon, puis après
la soumission de ces derniers, revenir sur ses pas et pénétrer
dans les vallées du diocèse d'Embrun. Les Vaudois de Freyssinières, de l'Argentière et de Vallouise avaient un moment
songé à réunir leurs forces pour repousser les assaillants ;
mais, soit manque de direction générale, soit division entre
les chefs, ils ne tardèrent pas à se séparer. Quelques-uns
d'entre eux, les plus compromis, voyant que la lutte était impossible, abandonnèrent le pays et attendirent pour rentrer de
meilleurs jours ; les autres, et c'était le plus grand nombre,
coururent effrayés chercher un asile au milieu des rochers,
sur des points qu'on pouvait espérer défendre. Des Vaudois
de l'Argentière et de Vallouise se retirèrent dans une balme,
nommé balme d'Oréa, située au-dessus de l'Argentière ; ils
y transportèrent des vivres et y passèrent une nuit. Le lendemain, comprenant qu'ils ne pourraient résister aux hommes

voluntate Ebredunum, quæ civitas Metropolis est provinciæ illius, petiere : ubi factis ad Deum devotis supplicationibus solemnibusque pro-
cessionibus, abjectis tenebrarum operibus, ingenti populi gratulatione,
ad gremium sanctæ matris ecclesiæ sunt recepti. »

(1) Quelques historiens ont porté à 8,000 le nombre des soldats de
l'armée catholique. Ce chiffre est exagéré. Il y avait dans cette armée
tout au plus un millier d'hommes.

d'armes, ils rentrèrent chez eux et firent ensuite leur soumission. Ces divers événements avaient lieu dans les premiers
jours d'avril 1488, car dès le 9 du même mois les interrogatoires, dont nous avons sous les yeux le texte, mentionnent
l'épisode de la balme d'Oréa (1). Quelques hérétiques de la

---

(1) Registre B, f° 147; 9 avril 1488, à St-Crépin, devant Ysoard
Eymar, curé du lieu, Taine, fille de Jean Roux, âgée de 18 ans déclare :
« Tamen bene fugerat ad balmam, per exhortationem aliquorum de
Fraxineria, qui dicebant quod essemus omnes destructi et traditi
morti. » — Ibid., f° 247; 9 avril, à Embrun, devant Albert de Cattaneo,
Jean Anfosi, de l'Argentière, âgé de 40 ans : « Interrogatus si unquam
confessus est peccata sua alicui barbe Valdensium, respondit quod sunt
jam decem octo vel viginti anni vel circa, cum venirent duo homines
ad locandum ad ejus domum, et dum ibidem fuerunt eidem petierunt
hospicium, et, dum fuerunt infra domum, ipsum loquentem et ejus
uxorem exortaverunt et induxerunt ad confitendum eisdem barbis Valdensium cum quibus confessus est peccata sua, et ex postquam, dictus
dominus commissarius apostolicus et dominus locumtenens Dalphinalis
fuerunt in Prato Jallato cum gentibus armatis, causa eradicandi Valdenses de Prato Jallato, venerunt duo barbe ad locum Argenterie, videlicet barba Simundus et barba Ludovicus, qui barbe habebant linguam
Pedemontanam, et dixit quod a festo calendarum citra proxime
preterito confessus est peccata sua tribus vicibus barbis Valdensium,
videlicet dictis Simundo et Ludovico : de nominibus aliorum non recordatur. Item, dixit quod post festum Pasche, proxime lapsum (6 avril),
ipsi duo barbe, videlicet Simundus et Ludovicus, a loco predicto Argenterie recesserunt. Item, dixit quod ipse eosdem barbas Simonem
et Ludovicum exortavit ut ipsi venirent coram dicto commissario
apostolico, causa manutenendi et defendendi illos de eorum secta : qui
quidem barbe eidem responderunt et dixerunt quod ipsi venirent
ad ipsum rev. d. commissarium, actento quod haberent salvum con-
ductum ab eodem d° commissario. » — Ibid., f° 249 ; le même Jean
Anfosi : « Interrogatus si illi de Argenteria et valle Loysia fecerunt
aliquam deliberationem se retrahendi cum illis de Fraxineria, respondit quod sic, quia unum semel deliberaverunt se retrahere in eodem
loco Fraxinerie et aliqui ad illum locum Fraxinerie portaverunt panem
et vinum pro stando in eodem loco Fraxinerie , et post modicum
temporis intervallum se retraxerunt adjuncti illi de Argenteria et
valle Loysia , videlicet in balmam desuper Argenteriam. » — Ibid.,

Vallouise, plus déterminés que les autres, fuyant devant
l'armée de la croisade, tentèrent une résistance désespérée,
en se jetant dans les rochers déserts et inaccessibles de l'Aile-
Froide, où une sorte de caverne leur servit d'abri. Comme
nous l'avons vu, les uns furent massacrés, les autres faits prisonniers. D'après la relation attribuée à Albert de Cattaneo,
l'affaire se passa un dimanche; M. Fauché-Prunelle a publié
un texte (d'une époque plus récente, il est vrai) qui parle du 13
avril : le 13 avril 1488 tombait, en effet, un dimanche. Enfin
notre relation dit que quatre-vingt-dix personnes furent mas-
sacrées ; celle de M. Fauché-Prunelle ne porte qu'à soixante
et dix le nombre de ces dernières (1). La vérité doit être entre

---

f⁰ 267; 10 avril : « Item, fuit interrogatus si promiserit aliquid vel
dederit aliquid alicui persone ut impetraret quod esset captus ad
misericordiam, respondit quod non ; dixit quod illi de Argenteria et de
valle Loysia se ad invicem congregaverunt in balmam d'Aurea, sed
quando fuerunt, ab eadem incontinenti recesserunt, quia non erat satis
fortis. » — Ibid., f⁰ 268 : « Item, dixit quod illi de Argenteria et ceteri
de valle Loysia se ad invicem congregaverunt pro se defendendo in
balma d'Aurea, in qua doimierunt uno vespere, et post lapsum dictum
vesperum de mane dixerunt et habuerunt deliberationem recedendi ad
eorum domum, quia balma non erat satis fortis pro resistendo armi-
geris. » — Ibid., f⁰ 277 : « Item, dixit et confessus fuit etiam quod ulti-
mate se separaverunt ab illis de Fraxineria et valle Loysia ipsi de
Argenteria, quia erant diverse jurisdictionis et diversorum dominorum...
et quod sic se redduxerunt et congregaverunt in eorum loco de Argenteria in balma Deaurea cum parte eorum bonorum, volendo resistere
contra justiciam, et demum, volendo obedire justicie et dominis, ex consilio eorum dominorum Argenterie, venerunt ad misericordiam. » — Ibid.
f⁰ 301 ; 19 avril, Marguerite, fille de Jean Violin, de l'Argentière, âgée
de 15 ans, déclare : « Quod stetit his diebus proxime lapsis in balma
d'Aurea pro se defendendo et evitando mortem et manum justicie, in
qua balma, prout super dixit, erat quidam barba, qui ipsam et alios
ibidem existentes excitabat ut non venirent ad misericordiam. »

(1) Voici cette relation publiée par M. Fauché-Prunelle, dans *Bulletin de l'Académie delphinale*, t. Iᵉʳ (1846), p. 455 : « Les habitants héré-
« tiques ayant eu la signification de l'arrest du parlement qui sommoit

ces deux chiffres. Le lecteur peut juger par là du degré de
confiance qu'on doit accorder à ces historiens, qui, comme
Perrin et Chorier, se sont faits ici les échos de ridicules
légendes d'après lesquelles on aurait trouvé, « dans lesdites
« cavernes, quatre cens petits enfants estouffés en leurs ber-
« ceaux ou entre les bras de leurs mères mortes » et l'on
aurait massacré « plus de trois mille personnes de ladicte
« vallée, hommes ou femmes. »

Dès le milieu d'avril la soumission des Vaudois était un fait
accompli. Tous étaient cités à comparaître devant l'inquisiteur pour rendre compte de leur conduite, abjurer les erreurs
de la secte et recevoir la pénitence canonique. Albert de
Cattaneo se transporta sur différents point pour juger les
inculpés qui ne pouvaient se rendre à Embrun, mais ils
étaient si nombreux qu'il fallut multiplier les tribunaux. Par
lettres du 2 avril, Albert déléguait Pierre Savine, official
d'Embrun, et le chapelain Philippe de Plaisance pour continuer à Embrun les interrogatoires, pendant qu'il se rendait
lui-même à Saint-Crépin (1). Le 7 et le 8 avril, il était dans
cette petite localité et y entendait nombre de Vaudois. Le 8,
il donne commission à Isoard Eymar, curé de Saint-Crépin

---

« les Vaudois de se convertir, et ceux-ci, ayant refusé, furent contraints
« par les catholiques de se refugier les uns à Luzerne et les autres sous
« une beaume escarpée et presque inaccessible de l'Allefreyde, nommée
« Béaume Chapeluc, où ils se fortifièrent d'amas de pierres; les habi-
« tants catholiques ne les souffrirent pas longtemps sous cet asile ; ils
« les attaquèrent enfin, non point par le bas de la Beaume, ni à côté, à
« cause des précipices et du danger d'être eux-mêmes massacrés, mais
« par le haut. Il descendit donc à la Beaume environ 400 personnes avec
« des cordes de 140 toises de longueur, qui y égorgèrent le reste des
« Vaudois, au nombre de 30 familles seulement, composées totalement
« de 70 personnes, tant hommes, femmes qu'enfants. Ce fut le 13 avril
« l'an 1487 (*lisez* 1488). » — Il existe à la Bibliothèque de Grenoble (R,
7058) une autre relation manuscrite de ces mêmes événements ; elle est
de date relativement récente et n'apprend rien de nouveau.

(1) Registre B, f° 93-4.

pour continuer ce travail, et il revient à Embrun reprendre
son poste (1). Il ne le quitte pas jusqu'au 26 : ce jour-là il
délègue Pierre Grand qui doit établir un tribunal à Champ-
cella, et il se rend à l'Argentière (2). Nous l'y voyons le 28
et le 29 procéder à de nombreux interrogatoires. Deux petites
filles, Marie, fille de Pierre Violin de l'Argentière, âgée de 10
ans et Jacquette, fille de Paul Bérard, âgée de 12 ans, sont
amenées devant lui. Il leur demande si elles ne se sont jamais
confessées à des barbes : ces enfants répondent qu'elles n'ont
jamais vu de barbes. L'archidiacre leur enjoint alors de ne
jamais se confesser à d'autres qu'à leur curé ou à son vicaire,
et pour leur inspirer une salutaire frayeur, il ajoute que s'il
apprenait qu'elles fissent autrement il les ferait brûler toutes
vives (3). Catherine, autre fille de Pierre Violin, âgée de
15 ans, dans une intéressante déposition, nous fait connaître
les noms et les menées des principaux chefs de la secte (4).

---

(1) Registre B, f° 143.
(2) Registre B, f° 98.
(3) Registre B, f° 333.
(4) Registre B, f° 348 : « Interrogata quare citius non venit ad misericordiam, respondit quod illi qui ducebant litem super hac materia
eidem prohibebant ne iret ad misericordiam, credendo semper habere
recursum ad regem. Interrogata qui erant illi qui sibi prohibebant ne
veniret ad misericordiam, dixit quod illi de valle Loysia et de Fraxineria, et quod Johannes Anfossi et Jacobus Porte mictebant pecunias pro
habendo recursum et quod Stephanus Mary, de valle Loysia, et Petrus
Ruffi, de Fraxineria, ducebant litem et ibant ad remedium, et quod ipsi
ducentes litem sibi dicebant quod censure ecclesie non erant timende
quia non nocebant, et quia fuerat appellatum etiam super hac materia
et post appellatum non habent vigorem, et quod dicti barbe in princi-
pio quando intratur in secta docent et faciunt dicere certa verba, de
quibus non recollit, et quod ipsi barbe sibi dabant in penitentiam aliquando decem pater noster et aliquando viginti, quibus verbis et doce-
mentis prefatis dictorum barbarum dixit dedisse fidem, quia ipsa
credebat esse bonos, justos et sanctos homines ; ideo credit et obser-
vavit : petens et humiliter requirens, genibus flexis, sepe sepius et
sepissime beneficium absolutionis sibi impendi. »

Durant le mois d'avril, Albert et ses délégués entendirent plus de deux cents personnes. Le lecteur connaît déjà les résultats de cette vaste enquête; les documents que nous donnons aux *Pièces justificatives* achèveront de faire la lumière sur ce sujet. Il est des historiens que le nom seul d'inquisiteur fait frémir, et ils ne trouvent pas d'expressions assez fortes pour marquer leur indignation : « ce sont des monstres, des tigres altérés de sang, etc. » Albert de Cattaneo a eu le privilège de mettre en fureur plus d'un de ces écrivains. Ils oublient toutefois ou feignent d'oublier que cette *horrible* expédition contre les Vaudois fut organisée par ordre du parlement et qu'elle fut jusqu'au bout conduite, dirigée par le lieutenant-général du gouverneur de la province; ils ignorent que l'Eglise a essentiellement le droit d'infliger à ses fils rebelles un châtiment même corporel et d'user de la force, si elle le juge à propos, pour les ramener à l'observation de ses lois. Mais comment faire comprendre ces choses à des hommes qu'aveuglent de vieux préjugés et quelquefois la haine. Nos lecteurs qui ont suivi ce récit savent maintenant ce qu'il faut penser de la *férocité* d'Albert de Cattaneo. Nous ne les étonnerons pas en disant que si c'était un homme énergique, il ne manquait ni d'esprit de douceur, ni de charité pour les malheureux qui paraissaient devant son tribunal. Il ne refusa le pardon à aucun hérétique repentant; il était heureux de présider ces cérémonies imposantes où les pénitents rentraient dans le sein de l'Eglise. Pendant le mois d'avril, tous les trois ou quatre jours, les fidèles d'Embrun accouraient nombreux à la cathédrale pour jouir du spectacle toujours nouveau de l'absolution solennelle donnée à un certain nombre de Vaudois. Une longue procession se déroulait à travers les rues et les places de la cité, puis quand on arrivait aux portes de la cathédrale, les nouveaux convertis agenouillés, un flambeau à la main, faisaient la profession de foi, juraient d'être fidèles à l'Eglise et recevaient l'absolution des censures et la pénitence canonique.

15

Cette pénitence variait suivant la qualité des personnes et le degré de leur culpabilité : les hommes étaient traités plus sévèrement que les femmes, et l'on imposait un plus grand nombre de pratiques pieuses à ceux qui avaient montré le plus d'opiniâtreté, à ceux, par exemple, qui avaient résolu de se défendre dans la balme d'Oréa. Ces pénitences consistaient en des jours de jeûnes, en des aumônes et en quelques prières. A tous il était enjoint d'avoir dans leurs demeures, à une place d'honneur, une image de la très sainte Vierge, devant laquelle, matin et soir, ils devraient réciter leurs prières. Enfin ils étaient condamnés à porter sur leurs vêtements extérieurs deux petites croix de couleurs diverses, l'une sur la poitrine, l'autre entre les deux épaules : la durée de cette dernière pénitence variait entre deux ans et cinq ans (1).

Cependant, tout n'était pas fini avec les Vaudois ; restait encore à régler une question très délicate, qui allait devenir l'occasion de procès irritants et allumer des haines inextinguibles. Les biens meubles et immeubles des Vaudois fugitifs et de tous ceux que l'inquisition avait déclarés hérétiques et comme tels livrés au bras séculier, se trouvaient légalement confisqués : une partie revenait à la chambre apostolique ; une autre, la plus considérable, aux seigneurs temporels des diverses localités. Lantelme de Monteynard, seigneur de l'Argentière, Pierre de Rame et Facion de Rame, coseigneurs de Freyssinières, s'empressèrent de se mettre en possession des biens de ceux de leurs vassaux qui avaient été condamnés. L'archevêque d'Embrun n'était pas demeuré en retard : des vignobles, des prairies et diverses terres vinrent alors enrichir la mense épiscopale. Le roi-dauphin, en qualité de seigneur et de souverain, avait lui aussi des droits aux dépouilles de nos hérétiques ; il se hâta d'en faire prendre possession et d'en ordonner la vente aux enchères publiques.

(1) Voir aux *Pièces justificatives,* n° VII.

Voici le texte de l'ordonnance royale, datée du 25 juin 1488, qui charge le lieutenant-général Hugues de La Palud de faire procéder incontinent à ces enchères. .

« .... Notre procureur delphinal nous a fait exposer que
« par certain commissaire apostolicque, naguières par notre
« sainct père le pape délégué et envoyé en iceluy nostre païs
« de Daulphiné, tellement a esté procédé à l'encontre d'aul-
« cuns habitants et demeurant aux châtellenies de Men-
« toulles sur Cluzon, de la Vallouyse et aultres lieux de
« nostre païs de Daulphiné, appelés Vaudois, qui tenoient
« aulcunes fausses et dampnées sectes et hérésies contre la
« foy catholicque, que par sentence dudict commissaire apos-
« tolicque, assistants avecque luy aulcuns commissaires dé-
« putés et ordonnés par nostre gouvernement et gens de
« nostre dicte cour de parlement pour tenir la main forte
« audict commissaire apostolicque, lesdits Vaudois ont esté
» prononcés et desclairés hérétiques, et après remis au bras
« séculier et les biens d'aulcuns declairés confisqués et nous
« appartenir, et les autres condampnés en certaines amendes,
« ainsi qu'il paroist par les procès et sentences sur ce faits et
« données qui sont passés en force de chose jugée : lesdicts
« biens, ainsi declairés confisqués, est besoin vendre et em-
« pescher à nostre profit qu'ils ne se déperissent et aussi
« faire venir les amendes et condampnations, mais bonne-
« ment faire ne se pouvoit sans avoir sur ce provisions de
« nous, ainsi que nostre procureur nous a faict remons-
« trer, par quoy nous vous mandons par les presentes que
« s'il vous apparoist desdictes sentences les biens desdicts
« Vaudois estre confisqués et nous appartenir, iceux mettés
« ou faites mettre en criées, après les vendés et adjugés au
« plus offrant et dernier enchérisseur, gardées en cela les
« solennités de justice en tel cas accoustumées, et parce que
« aulcuns desdicts Vaudois, ainsi condemnés, pour eviter
« l'aliénation et distraction de leurs biens, voudroient venir à
« quelque composition, vous donnons pouvoir, puissance et

« autorité de faire sur ce telle moderation raisonnable que
« vous voirés estre faite (1). »

Nos registres de l'inquisition mentionnent pour la dernière
fois le nom d'Albert de Cattaneo sous la date du 4 juillet
1488. Le commissaire apostolique était alors à Briançon et
réconciliait avec l'Église un certain Claude Faure *(Fabri)*,
dit Béraudon, natif de Châteauroux et habitant de l'Argentière, âgé de 22 ans. Ce jeune homme, arrêté en décembre
1487, avait subi le 24 un premier interrogatoire, à la suite
duquel on avait cru devoir le garder en prison. Au moyen de
quelques présents, il sut gagner, sinon la connivence, du
moins la faveur du châtelain, qui le fit mettre dans une pièce
du château, d'où il parvint à s'évader. Il ne jouit pas longtemps de la liberté, car dès le 16 avril, il comparaissait de
nouveau devant l'inquisiteur pour répondre tant sur le fait
d'hérésie que sur celui de son évasion. Le 23 avril, il subis-
sait le feu d'un troisième interrogatoire. On le garda prison-
nier jusqu'au 4 juillet, jour où il fut enfin absous et rendu
à la liberté (2).

---

(1) CHAIX. *Préoccupations statistiques, géographiques, pittoresques et
synoptiques du département des Hautes-Alpes.* Grenoble, 1845, in-8°,
p. 459.

(2) Registre B, 356 verso-361; 16 avril 1488, Embrun, devant Albert:
« Representatus Glaudius Fabri, alias Béraudon, humiliter genibus
flexis, veniam petens, et interrogatus... de veritate dicenda quomodo et
qualiter fregit carceres delphinales Brianczonii et si fuerit sibi datum
auxilium, consilium et favorem per nonnullos homines pro exeundo ab
ipsis carceribus necnon pro frangendo ipsos carceres, tantum dixit verum esse quod quando erat in eodem castro Brianczonii, ipse Glaudius,
loquente pro eo in secreto Johanne Serruti, a sancto Blasio, parrochie
Brianczonnii, tractavit cum nobili castellano Brianczonii, qui castel-
lanus, médiantibus duabus somatis vini albi quas habuit, fuit positus et
compeditatus per eundem castellanum in quadam camera superiori dicte
turris, in qua turri seu camera media, desubtus gradum tendentem ad
cameram superiorem, reperit unum funem, et demum dum fuit positus
in eadem camera superiori, a qua exivit, reperit ibidem unum alium

Albert de Cattaneo eut pour successeur François Plovier, de Valence, religieux de l'ordre des Frères Mineurs (1). Celui-ci continua l'enquête commencée et procéda contre quelques Vaudois de Freyssinières, qui furent excommuniés, déclarés hérétiques et livrés au bras séculier : la sentence fut

---

funem baliste quem cepit, et deinde cum dictis funibus a dictis carceribus detemptus exivit, petens et exquirens ipsum misericorditer tractari et beneficium absolutionis sibi impendi... »

(1) M. Ludovic Vallentin, à Montélimar, possède un petit registre (haut., 0,43 ; larg., 0,15 ; 117 folios, papier ; recouvert de parch.), coté, « Iste liber est mey Fazius de Rama... » dans lequel on pourrait glaner quelques détails intéressants pour le sujet historique qui nous occupe. C'est un livre de compte de Facion de Rame, coseigneur de Freyssinières. Nous en citerons les lignes suivantes qu'on a bien voulu nous communiquer : f° 51 v°.

« L'an mil IIIIc LXXX VII sen sec so que you Fazi de Rama ay peya per nosto part de las despensas des Vaudes tant per lo comesari dal papo mons. l'arsediaque de Cremono et per mons. de Varas luoctenent dal Dalphine et mesier Johan Rabot et mestre Zacharias Meron grafier de Grenoble et lo juge de Bryanso et Jordan Corei procurour.

Et primyroment ay peya es dich comesaris — LXII escus de re, et n'ay podixo anbe mons. dal Pouet et es tout ensens.

Item, ay despendu ar per anar a Brianson, quant se fazi la porsuto que louz comesaris ley nous fasion anar et per companons et per my que hi vaqui dous huech jour davant la chandelyro tant que ha paiscos, ay despendu — XXXVIII escus, et per anar, a Grenoble: doues ves.

Item, ay peya per lou daryer vyage que mons. mesier Pons anbe frayre Francez Plovier de Valenso que louz an dus abita et nouz ha chalgu acordar la despenso que noz s'en acorda mons. dal Pouet et you per nostre part ha Vc XXXV escus a mesier Pons et a l'auditour Salvage Segrelon — IIc L ff. dal Frach ; a la quarto mestre Jame Bryanson.

Item, n'ay peya — XXV escus, de re; a la podixo mestre Jame Bryanson.

Item, ay peya mays ha monsegner mesier Pons: cent ff. ; et ay la podixo, que la fach mestre not de Grenoble.

Item, ay peya a Lancelot per l'auditour Salvage : XXIII ff. dal Frach et la podixo es anbe l'autro.

Item, quant s'en ana a Grenoble monsegner dal Pouet et my que aver porta noste paye ay despendu : XII ff. »

affichée aux portes de la cathédrale d'Embrun et on pouvait
y lire, en trente-deux articles, l'énumération des erreurs et
des crimes qui leur étaient reprochés. Perrin, à qui nous em-
pruntons ces détails, ne manque pas, cela va sans dire, de
peindre sous les plus noires couleurs le nouveau chef de
l'inquisition dans nos pays (1). Nous ne connaissons toutefois qu'un seul procès intenté par cet inquisiteur et dont le
dossier nous ait été conservé ; c'est celui d'un nommé Pierre
Valet, de Freyssinières, dont les biens furent confisqués et qui
fut ensuite livré au bras séculier (2). Fut-il condamné au
feu ? Aucun document ne vient nous renseigner sur ce point.
Mais nous pouvons opposer aux affirmations gratuites de
Perrin un fait qui montre clairement que François Plovier
n'était pas, comme on voudrait le faire croire, dépourvu de
tout sentiment de justice et d'humanité.

Les commissaires, nommés sur l'ordre du roi par le gouverneur de la province pour procéder à la vente des biens
des hérétiques condamnés ou fugitifs, s'étaient mis aussitôt à
l'œuvre. Ils commencèrent par la Vallouise, sans doute parce
que les habitants de cette région avaient montré un plus
grand attachement à la secte. Quoi qu'il en soit, on trouva
des preneurs. C'est ainsi que Claude de Bardonnenche, habitant aux Vigneaux, acquit aux enchères les biens de Louis
Trobat et d'Etienne Gay : acte en fut passé devant notaire.
Mais la plus grande partie, on peut même dire la totalité
des propriétés vaudoises dans la Vallouise, fut achetée par
les syndics des diverses communautés du pays, agissant au
nom et dans les intérêts de ces mêmes communautés. On le
comprend sans peine, ces ventes durent faire naître de vives
inquiétudes chez tous ceux des vallées voisines, qui, se sentant sous le coup des mêmes condamnations, pouvaient

(1) PERRIN. *Hist. des Vaudois*, p. 131-132.
(2) *Catalogue of manuscripts preserved in the library of the University of Cambridge*, t. I (1856), p. 86 : n° 113, I, d.

désormais s'attendre à voir arriver d'un jour à l'autre les
terribles commissaires. Aussi les Vaudois convertis du Val-
Cluzon, qui paraissent dans toutes ces affaires avoir obéi à
des chefs habiles et dévoués, voulurent-ils prévenir le mal-
heur dont ils se voyaient menacés. Ils présentèrent aux commissaires royaux une requête dont tous les termes avaient
été soigneusement pesés : grâce à Dieu, disaient-ils, ils
étaient maintenant dans la disposition de demeurer à jamais
bons et fidèles chrétiens; ils demandaient en conséquence
qu'on voulût bien suspendre en leur faveur l'exécution des
ordres de la cour et les admettre à certaines compositions ;
ils ne réclamaient pas la remise absolue de leur peine ; ils
suppliaient seulement les commissaires de ne pas les réduire
à l'affreuse indigence, en les dépouillant de tous leurs biens,
et s'offraient de payer au fisc la somme dont on conviendrait.
Leur demande fut accueillie, comme ils l'avaient dé-
siré ; mais ce qui assura surtout le succès de ces démarches,
ce fut le bon témoignage que l'inquisiteur François Plovier
rendit de la sincérité de leur conversion et des sentiments
dont ils étaient actuellement animés. Les commissaires fixè-
rent la somme à payer, mais comme ils ne pouvaient rien
décider d'une manière définitive avant d'avoir obtenu la
sanction royale, ils écrivirent au monarque pour lui soumettre les propositions qui leur étaient faites et solliciter un
avis. Charles VIII leur fit répondre de Chinon, au mois de
mars 1489 : leur conduite était pleinement approuvée ; ratifi-
cation était donnée aux diverses ventes aussi bien qu'aux
compositions faites jusque-là. Voici du reste le texte de l'ordonnance royale :

« Charles.... Nous avons receu humble supplication de
« nostre bien amé Glaude de Bardonnesche, demeurant a
« Vinaulx et des manants et habitants de la Vallouyse et de
« la Valcluse, en nostre dict pays de Daulphiné, contenant
« que dès le mois de juin dernier passé, après que nostre
« cher et bien amé maistre Albert de Capitaneis, docteur en

« chascun droict et commis par nostre sainct père le pape a
« abolir et extirper les maulvaises et dampnables sectes et
« heresies que certains habitants de nostre dict pays de Daul-
« phiné, dicts les Vaudois, ont par cy devant tenu et tenoient
« contre la saincte foy catholicque, eust par sa sentence ap-
« pelé avecq luy par forme d'invitation du bras seculier nos
« amés et feaulx conseillers, les gouverneur de nostre dict
« pays de Dauphiné ou son lieutenant et maistre Jean Rabot,
« conseiller en nostre cour de parlement a Grenoble, par or-
« donnance et commission d'icelle nostre cour, ont dict et
« desclaré une partie des susdits Vaudois et par ce con-
« fisqué envers nous tous et chascun leurs biens qu'ils ont
« en nostre dict pays de Daulphiné : nous, par aultres nos
« lettres patentes, avons mandé audict gouverneur ou a son
« lieutenant et au premier de nos amés et féaulx conseillers
« de nostre cour sur ce requis, appelé avecq eulx nostre amé
« et féal conseiller et maistre d'ostel Charles Baron, prendre,
« saisir, et mectre en nos mains les biens desd. Vaudois ainsi
« declarés, à nous confisqués comme dit est, et les vendre a
« nostre profict au plus offrant desdits enchérisseurs ; les-
« quels commissaires, ainsi par nous depputés, ont, en en-
« suyvant leursdites commissions, vendu aud. Glaude de
« Bardonnesche, suppliant, tous et chascun les biens immeu-
« bles des sieurs Estienne Gay et Loys Trobat, declarés héré-
« tiques, et comme confisqués par lad. sentence, moyennant
« le prix contenu en la vendition sur ce a luy faicte et passée
« par...... Jean Rouyer, notaire......, et aussy ont vendu et
« transporté de par nos iceulx commissaires aux syndics et
« conseillers de lad. Vallouyse, au nom de tous les habitants
« d'icelle, suppliants, tous et chascun les biens immeubles
« de ceulx qui avoient esté, comme dit est, condampnés par
« lad. sentence, assis au lieu et jurisdiction de la Valpute et
« aulcuns autres lieux circonvoysins, a l'estimation de cer-
« taines personnes par lesd. commissaires, du consentement
« desd. de la Vallouyse commis deputés, et ce semblablement

« moyennant certains aultres prix et somme......; et ce faict,
« ainsy que nosd. commissaires procedoient a l'execution de
« lad. commission et charge, lesdits suppliants de la Val-
« cluse, qui avoient esté et étoient comprins en lad. sentence,
« declaration et confiscation, et qui a présent tiennent et ont
« intention de tenir lad. foy catholique, sans jamais retourner
« auxd. erreurs et dampnable secte, se sont trais pardevers
« iceulx nos commissaires et les ont par plusieurs fois requis
« ou faict requerir que, actendu leur reduction a la foy ca-
« tholique et qu'ils ont delaissé lesd. hérésies, leur plaisir
« soit quant a eulx superceder a l'execution de leurd. com-
« mission, les traicter benignement et humainement et les
« repcevoir et admettre a quelque bonne composition, afin
« qu'ils ne demeurassent du tout desherités et degectés de
« leurs biens, en ce faisant leur avoir ou faire avoir de nous
« grâce, quictance, abolition et pardon sur ce : lesquels nos
« commissaires, après plusieurs supplications et requestes a
« eulx faictes et eu sur ce l'avis et opinion de plusieurs nota-
« bles clercs et aultres cognoissants en telle matière et confis-
« cation, et informés bien et duement de la vie et conversa-
« tion que lesd. suppliants de lad. Valcluse ont tenu depuis
« leurd. redduction a la saincte foy, et aussy a la relation
« que leur a faicte nostre bien amé Me François Plovier,
« docteur en theologie et inquisiteur deputé d'icelle saincte
« foy par le saint siège apostolique, qui, par l'advis et deli-
« beration de nostre cour de parlement, a par certain temps
« presché et exhorté iceulx suppliants de lad. Valcluse, lequel
« nous a escript de leurd. vie et conversation, ont iceulx nos
« commissaires, en reservant sur le tout nostre bon plaisir et
« vouloir, consenti et accordé aulcuns articles et chapitre
« ausd. suppliants de la Valcluse...... : ratifions, approuvons
« et confirmons, de grace especiale......, les venditions, pro-
« messes et compositions ainsy faictes et passées par nosd.
« commissaires, ensemble et avecq toutes autres ventes, alie-
« nations et transport que iceulx nos commissaires en pour-

17

« roient cy après faire en quelque manière que ce soit, et
« avons volu et consenti...... que iceulx suppliants de la Val-
« cluse joissent de l'abolition, pardon et remission a eulx
« par lesd. commissaires de nostre saint père octroyées des
« faicts, cas, crimes et delits par iceulx commis et perpetrés,
« comme dit est, le tout soubs les conditions et qualifications
« dessus dictes et contenues esdictes lettres et instruments,
« et lesquels, en tant que besoin aussy a nous est, nous
« avons restitués et restituons a leur bonne fame et renom-
« mée au pays et a leurd. biens...... Donné a Chinon, au
« moys de mars, l'an de grâce mil cccc quatrevingt et huict
« (*n. st.* 1489) et de nostre règne le sixième. Par le roy. Le
« seigneur du Bouchage (1) ».

En transmettant au roi la demande des habitants du Val-
Cluzon, les commissaires avaient eux aussi présenté une
requête. Ils se plaignaient de ce qu'ayant vaqué depuis près de
dix mois à la saisie et à la vente des biens confisqués, on ne
leur avait encore donné aucun salaire. En conséquence, ils
suppliaient le monarque de commander au trésorier delphinal de les payer : leur demande était d'autant plus raisonnable qu'ils n'avaient point terminé leur œuvre et qu'ils ne
pouvaient prévoir combien de temps ils devraient encore sé-
journer dans le diocèse d'Embrun. Charles VIII, faisant
droit à leur juste réclamation, donna des ordres pour qu'ils
se tinssent satisfaits.

« Charles.... Receue avons humble supplication de nos
« amés et féaulx conseillers Hugues de La Palu, seigneur de
« Varas, lieutenant du gouverneur de nostre pays de Dau-
« phiné, maistre Pons, conseiller en nostre cour de par-
« lement aud. Grenoble et Charles Baron, nostre conseil-
« ler et maistre d'hostel, contenant que par nos aultres lettres

---

(1) Archives dép. de l'Isère, B, 2992, f° 142 et suiv. — Cf. *Ordonnances
des rois de France*, t. XX (1840), p. 126. Cette pièce fut enregistrée au
parlement de Grenoble le 28 avril 1489.

« patentes, données à Angiers au mois de juin passé, nous
« les avons commis et deputés pour prendre, saisir et mettre
« en nostre main tous les biens et choses quelconques d'aul-
« cuns habitans d'iceluy pays de Daulphiné, appelés les Vau-
« dois, lesquels, par sentence de nostre cher et bien amé
« maistre Albert de Cappitaneis, docteur en chascun droict,
« a ce commis par nostre saint père le pape, avoient esté
« declarés a nous confisqués et appartenir, a cause des maul-
« vaises sectes et hérésies qu'ils avoient par cy devant tenues
« et tenoient contre la foy catholique, lesquels supplians,
« ensuyvant leurd. commission, se sont transportés sur les
« lieux et ont vendu et alienés aulcuns desd. biens et choses
« immeubles, ainsy a nous confisqués que dit est, et des aul-
« tres ont faict certains accords, paches et conventions, tant
« avecq aulcuns de ceulx.... qui se sont du tout tenus et mis
« en bon propos de tenir la saincte foy.... que aultrement.... :
« en quoy faisant, ainsy qu'iceulx supplians nous ont faict
« dire et remonstrer, ils ont vacqué par longtemps et leur
« conviendra encore vacquer, a cause que lesd. venditions
« n'ont esté encore du tout parachevées, ne païées par ceulx
« qui les doibvent, nous requérant humblement que sur tout
« nostre plaisir soyt leur faire quelque compartion et ordon-
« nance.... Nous a ceste cause voulons.... que sur les deniers
« venant et yssant et qui pourront venir et ysser a cause
« desd. confiscations et ventes... vous taxiés et ordonniés a
« nosd. conseillers supplians telle somme de deniers que
« verriés estre raisonnable... Donné a Chinon, le IIII⁰ jour
« de mars l'an de grâce mil cccc quatrevingt et huict (*n. st.*
« 1489) et de nostre regne le VI⁰. Par le roy daulphin. Le s.
« Du Bouchage (1) ».

Nous venons de voir ce qui avait été fait et décidé touchant
les propriétés des Vaudois de la Vallouise et du Val-Cluzon ;

_____

(1) Archives dép. de l'Isère, B, 2992, f⁰ 147 et suiv. — Cf. *Bulletin de
l'Académie delphinale*, t. I (1846), p. 454.

celles des hérétiques de l'Argentière devaient être en 1490,
l'occasion d'un procès retentissant. Lantelme Eynard, seigneur de l'Argentière, s'était empressé de confisquer à son
profit les biens de ceux de ses vassaux que l'inquisition avait
condamnés comme hérétiques. La loi l'y autorisait ; mais,
non content d'utiliser un moyen aussi facile d'agrandir ses
domaines, ce rapace seigneur voulait aller plus loin, tout en
prétendant demeurer dans les limites de la légalité. Les biens
confisqués étaient, paraît-il, considérables ; ils avaient appar-
tenu aux familles les plus aisées du pays et représentaient à
peu près le tiers des propriétés soumises à l'impôt dans
l'étendue de la seigneurie. Or, Lantelme soutenait qu'il n'était
tenu de payer la taille pour ces biens que du jour où ils
étaient entrés dans son domaine ; il n'était donc nullement
redevable envers le fisc des impôts que les Vaudois condamnés et fugitifs n'avaient pu payer. Mais si le seigneur de l'Argentière savait trouver des raisons pour s'exempter des
arriérés de la taille, il se préoccupait fort peu de voir les
habitants du pays en butte aux poursuites des officiers du fisc
qui les rendaient solidairement responsables de la somme à
laquelle leur communauté était taxée, d'après l'état des feux.
Il est aisé de comprendre la colère des habitants de l'Argentière, qui, pour récompense de leur fidélité à l'Église et au
roi, étaient maintenant poursuivis et contraints de payer les
tailles anciennes de nombreuses terres dont jouissait leur seigneur. L'injustice était révoltante. Les syndics de la communauté intentèrent un procès à Lantelme Eynard devant le
parlement de Grenoble et obtinrent gain de cause : un arrêt,
rendu le dernier février 1491, condamna le seigneur de l'Argentière à payer au trésor delphinal la somme qu'il devait
pour la taille des biens entrés dans son domaine, et les habitants de l'endroit étaient autorisés à l'y contraindre, même
par prise de corps et par la vente de ses terres. Le 23 mars,
un officier de justice vint lui signifier en forme la sentence
du parlement ; Lantelme déclara qu'il ne payerait que la

moitié de la somme réclamée, affirmant que pour l'autre moitié, son père, possesseur comme lui d'un certain nombre de propriétés des anciens hérétiques, devait en être responsable. Il fallut un nouvel arrêt pour triompher de l'obstination de ce seigneur : le 29 avril, le parlement le déclarait solidaire et le sommait d'avoir à s'exécuter dans le plus bref délai (1).

De tels débats ne faisaient que perpétuer dans le pays le désordre et l'irritation. D'autre part, les anciennes causes de division n'avaient point complètement disparu. Si l'inquisition avait empêché la manifestation extérieure des doctrines vaudoises, elle n'était pourtant point parvenue à les détruire : ces doctrines restaient comme ensevelies au fond de bien des cœurs et le moindre souffle pouvait ranimer ce feu. Cette apparente tranquillité ayant eu pour résultat de ralentir le

---

(1) Archives de l'Isère, B, 2992, f° 243 et s. : «... Verum ipsi homines supplicantes querimoniam fecerunt et conquerebantur de dicto domino pro eo quia ipse tenebat et possidebat omnia bona Valdensium, que fuerunt sibi confiscata, occasione quorum, prout solita erant, contribuere in subsidiis delphinalibus et aliis talhiis cum talibus contradicebat, quamvis essent descripta in eorum libro advaluationum, et sunt obligata dicta bona de solvendo... quamquam Valdenses patriam delphinalem absentaverunt et ipsa bona confiscata domino reliquerent, coram quibus dominis arbitriis ullam supplicationem articulatam dederunt ut ipsi eisdem, juxta potestatem attributam, providerent ut solucio subsidii non retardetur, habendo respectum quod ipse viginti quattuor belluce Valdensium tenebant tertiam partem possessorii vel circa saltem..... — Philippus de Sabaudia... primo castellano..... Mandamus quatenus rogatis et compellatis dictum supplicatum captione, venditione et festina distractione suorum pignorum et bonorum per dictos instantes eligendorum... ad solvendum.. in thesauraria delphinali summas et cotas in parcella, cujus copia presentibus est annexa, desclaratas, Valdensibus bannitis ejusdem loci Argenterie impositas, usque ad diem qua fuerunt a dictis suis bonis realiter et de facto privati et expulsi inclusive. Quia sic fieri volumus... Datum Gratianopoli, die ultima mensis febroarii anno Domini M.CCCC.LXXXXI. — Tenor exequtionis.... »

zèle des inquisiteurs, les barbes vaudois s'enhardirent jusqu'à
venir faire quelques apparitions dans le pays. Ces missionnaires vaudois étaient généralement de nationalité piémontaise; ils arrivaient déguisés en marchands, la balle sur
l'épaule, et s'introduisant dans les familles, ils présentaient
avec leurs denrées de colportage les enseignements de la secte.
Ils ne faisaient guère que traverser rapidement les vallées
alpestres, pour eux encore une terre brûlante; ils allaient vers
une autre région du Dauphiné, où la secte avait fait de nombreuses conquêtes, et où, soit indifférence, soit ignorance de la
part des autorités ecclésiastiques, ils n'étaient point inquiétés.
En l'année 1492, le diocèse de Valence comptait, en effet, un
assez grand nombre de Vaudois, qu'on désignait communément sous le nom de *Chagnards* (1). L'hérésie s'était implantée à Chabeuil (2), d'où elle n'avait pas tardé à gagner les
paroisses qui s'étendent le long de la montagne, depuis Châteaudouble jusqu'à Saint-Nazaire. Il y avait alors des Vaudois à Charpey, à Saint-Vincent, à Barbières, à Samson, à
Saint-Mamans et à Beauregard.

Ce n'était pas assurément sans danger que les barbes me-
naient la vie de missionnaires errants. En 1492, deux d'entre
eux, François de Gérondin, dit barbe Martin, et Pierre
Jacob, dit barbe Jean, furent arrêtés au col de Coste-Plane.
Les pièces de leur procès se trouvent actuellement dans la
bibliothèque de l'université de Cambridge (3); elles ont été
en partie publiées par Allix dans ses recherches sur les anciennes églises du Piémont (4). Perrin, qui les a eues en sa

---

(1) Ainsi appelés du nom d'un de leurs principaux prédicants, Chai-
gnard.

(2) COLUMBI (Joan., soc, J.), *Opuscula varia,* Lugd., 1668, in-f°,
p. 330.

(3) *A catalogue of manuscripts...of the University of Cambridge,* t. I,
p. 86, n° 113, *b.*

(4) ALLIX (P.). *Some Remarks upon the ecclesiastical history of the
ancient churches of Piedmont.* London, 1690, in-8°, p. 307-317.

possession, les avait le premier signalées : « Enquis pourquoi
« la secte des Vaudois pulluloit si fort et s'espandoit dès
« longtemps en tant de lieux, ce moine *(l'inquisiteur Fran-
« çois Plovier)* fait coucher ainsi la response du barbe Gé-
« rondin : que la vie dissolue des prestres en estoit la cause,
« et que parce que les cardinaux estoient avares, orgueilleux
« et luxurieux, estant chose notoire a un chascun.... Et in-
« continent après, enquis le mesme barbe que c'est qu'ils
« enseignoient touchant la luxure, ils le font respondre que
« la luxure n'est point péché, si ce n'est de la mère avec l'en-
« fant.... (1) ».

Cet événement attira de nouveau l'attention de l'autorité
sur les Vaudois. On se mit à les poursuivre avec rigueur, et
les dernières années du règne de Charles VIII marquent une
période fort critique pour l'histoire de l'hérésie en Dauphiné.
Il ne faudrait pourtant pas accepter à la lettre et sans contrôle
les affirmations de Perrin, dont le lecteur connaît déjà les
exagérations de langage, disons le mot, la mauvaise foi.
« Cette persécution, dit-il, fut extrême, car les Vaudois con-
« damnés par l'inquisiteur comme hérétiques, Pons, conseil-
« ler, et Oronce, juge, les envoyaient au feu sans appel, et
« ce qui plus augmenta le nombre des persécutés fut que
« quiconque se mesloit d'intercéder pour eux, quoique ce
« fut l'enfant pour le père, ou au contraire, estoit prompte-
« ment emprisonné et son procès formé, comme fauteur
« d'hérétiques (2) ». Qu'il y ait eu alors de nouvelles victimes,
c'est incontestable ; mais aucun document ne nous autorise à
dire si elles furent nombreuses. François Marc parle de
quatre barbes décapités vers ce temps à Grenoble (3). Pierre
Desrey, de Troyes, dans sa *Relation du voyage de Charles*

(1) PERRIN, p. 133.
(2) PERRIN, p. 134.
(3) D. N. Francisci MARCI, *Decisiones aureæ*. Lugduni. 1584, in-f°,
t. II, p. 362.

*VIII*, raconte le fait suivant : « Le mardy, deuxième jour
« dudit mois *(septembre 1494)*, il *(Charles VIII)* alla disner
« à Suzanne *(Césanne)* et le soir il alla à la prévosté d'Ourse
« *(Oulx)*, où, après le repas, on luy présenta un grand
« homme, fort robuste, natif de la Pouille, lequel estant in-
« terrogé fut accusé d'estre un des principaux maistres de la
« Vau-Pute. Après que le roy l'eut ouy parler, il le remit
« entre les mains de la justice, chargée de ces crimes, dont
« l'information estant duement faite, cet homme fut pendu,
« estranglé publiquement a un gros arbre. Le lendemain, le
« roy alla disner à Chaumont (1).... ».

Cependant, Antoine Faure, chanoine d'Embrun, et Chris-
tophe de Saillans, chanoine, vicaire général et official de
l'évêque de Valence, reçurent commission du pape pour informer contre les hérétiques du Valentinois. Deux documents
nous ont transmis quelques détails intéressants sur les travaux de ces inquisiteurs. Le premier document, publié en
partie par Colombi, nous fait connaître les réponses d'un
certain Monet Rey, de Saint-Mamans. Celui-ci avait été mis
en relation avec les barbes vaudois par un de ses parents qui
habitait Beauregard, nommé Telmont Pascal ; c'était chez ce
dernier que les missionnaires hérétiques s'arrêtaient de préférence, quand ils visitaient la région. Rey expose longuement
les croyances vaudoises, et sa déposition, que nous reprodui-
sons aux *Pièces justificatives*, mérite de fixer l'attention du
lecteur. Le second document est le procès fait par les deux
inquisiteurs à une femme de Beauregard, nommée Peyronnette, veuve de Pierre Béraud. Le texte original latin se
trouve à Cambridge (2) ; un fragment en a été publié par
Allix, dans le livre mentionné plus haut (3). Perrin avait
déjà signalé et analysé cette curieuse pièce. Voici le résumé

---

(1) GODEFROY, *Histoire de Charles VIII*, p. 105.
(2) *A catalogue of manuscripts*... n° 113, *f*.
(3) ALLIX, op. cit., p. 318-331.

qu'il en donne : « Enquise donc si elle avoit veu et entendu
« quelques barbes vaudois, elle respond au commencement
« que non, et persistant en tous interrogats de respondre par
« négatives , les inquisiteurs ordonnèrent que pour avoir
« trop suffisamment respondu, elle seroit conduite ès prison
« de l'évesché de Valence, où estant menacée d'estre appli-
« quée à la question, confessa qu'il y avoit vingt-cinq ans
« que deux hommes vestus de gris estoient venus en la mai-
« son de son mari, et qu'après souper l'un d'iceulx luy de-
« manda : *N'avès-vous iamai auvi parlar d'un plen pung de*
« *monde, que si non era tot lo monde seria a fin?* c'est-à-dire
« si elle n'avoit point entendu parler d'une poignée de gens
« qui sont au monde, sans lesquels le monde prendrait fin ?
« Après avoir repondu qu'elle n'en avoit jamais ouy parler
« qu'a Monsen André, curé de Beauregard, lequel disoit
« souvent qu'il y avoit un petit nombre de gens au monde,
« sans lesquels le monde périroit. Et que lors ce personnage
« luy auroit dit qu'il estoit là pour luy parler de ce petit
« troupeau là et le luy faire cognoistre, scavoir que c'étoient
« ceux qui avoient appris par les commandements de Dieu
« comment il le falloit servir, et qu'ils alloient par le monde
« pour apprendre aux hommes comment il falloit l'adorer et
« honorer, et pour réformer les abus de l'Église romaine.
« *Item,* qu'il luy avoit dit, entre plusieurs autres choses, qu'il
« ne falloit point faire à autruy ce que nous ne voulons
« point nous estre fait à nous-mêmes; qu'il faut adorer un
« seul Dieu, comme estant celuy seul qui nous peut aider, et
« non point les saints décédés ; qu'il ne falloit point jurer;
« qu'il falloit garder fidélité au mariage; qu'il falloit observer
« le jour de dimanche et qu'il n'estoit necessaire de garder
« les autres festes ; que les ecclésiastiques possédoient trop
« de richesses, qui estoit cause qu'ils entretenoient des p...
« et vivoient scandaleusement, et que du pape, il disoit en
« son langage : *Autant crois et autant mauvais est lo pape*
« *coma nengun aultre et per ço non a ges de poissance,*

« c'est-à-dire que le pape est aussi pervers et meschant qu'au-
« cun aultre, et partant qu'il n'a aulcune puissance. *Item,*
« qu'il enseignoit qu'il n'y a aucun purgatoire, ains seule-
« ment le paradis pour les bons et l'enfer pour les meschants,
« et partant que tous les chantats et suffrages des prestres
« pour les âmes des défunts ne servoient de rien, ni les alées
« et venues des prestres dans les cimetières disant : *Kyrie-*
« *leison. Item,* qu'il valoit mieux donner aux pauvres que
« d'offrir aux prestres; que c'étoit chose vaine de flechir le
« genouil devant les images des saints. Elle fut renvoyée en
« prison, puis rappelée le lendemain. Elle persista en son
« dire, adjoutant que lesdits barbes luy avoient dit que les
« prestres qui recevoient de l'argent pour les messes qu'ils
« chantoient, estoyent semblables à Judas qui vendit son
« maistre pour de l'argent, et que ceux qui bailloyent de
« l'argent pour des messes sembloient les juifs qui avoient
« achepté Christ pour de l'argent. Ces inquisiteurs congé-
« dièrent Peyronnette jusqu'à ce qu'autrement fust advi-
« sé... (1) ».

Tout le monde connaît les pages admirables que Bossuet
a consacrées à l'exposé des doctrines vaudoises dans son im-
mortelle *Histoire des variations.* Or, parmi les documents
que le grand évêque a mis en œuvre, il en est qui appartiennent à l'époque à laquelle nous sommes arrivés et qui nous
intéressent tout particulièrement : ils sont importants surtout pour étudier les rapports de l'enseignement des Vaudois avec le nôtre sur la question des sacrements. Comme
nous l'avons établi plus haut, les Vaudois faisaient dépendre la validité des sacrements de la sainteté du ministre;
mais ils admettaient au fond comme nous les sacrements.
« Et ce qui ne laisse aucun doute dans cette matière, dit
« Bossuet, c'est ce qu'on voit encore aujourd'hui parmi les
« manuscrits de M. de Thou, présentement ramassés dans

(1) PERRIN, p. 134-137.

« la riche bibliothèque de M. le marquis de Seignelai ; on y
« voit, dis-je, les enquêtes en original faites juridiquement
« contre les Vaudois de Pragelas et des autres vallées en
« 1495, recueillies en deux grands volumes, où se trouve l'in-
« terrogatoire d'un nommé Thomas Quoti de Pragelas :
« lequel, interrogé si les barbes leur apprenaient à croire au
« sacrement de l'autel, répond que « les barbes prêchent et
« enseignent que lorsqu'un chapelain qui est dans les ordres
« profère les paroles de la consécration sur l'autel, il con-
« sacre le corps de Jésus-Christ et qu'il se fait un vrai chan-
« gement du pain au vrai corps », et dit en outre que « la
« prière, faite à la maison ou dans le chemin, est aussi bonne
« que dans l'église. Conformément à cette doctrine, le même
« Quoti répond par deux fois qu'il recevait tous les ans à
« Pâques le corps de Jésus-Christ et que les barbes leur en-
« seignaient que pour le recevoir, il fallait être bien confessé,
« et plutôt par les barbes que par les chapelains... (1) ».

Cependant, les événements amenèrent une détente dans les
poursuites exercées contre les Vaudois. La malheureuse issue
de l'expédition d'Italie fit que les autorités civiles en Dauphiné n'apportèrent bientôt plus qu'une attention distraite à
ce qui se passait dans les vallées du diocèse d'Embrun, et la
mort, en enlevant de ce monde l'archevêque Jean Baile, vint
encore délivrer les Vaudois de leur plus redoutable adversaire. Ils ne manquèrent pas de profiter de toutes ces circonstances. La plupart des exilés rentrèrent, mais les grandes
épreuves qu'ils avaient traversées les rendirent plus circons-
pects. On les vit même protester de leur attachement à la foi
véritable et se donner comme les plus paisibles des hommes.
Ils cherchèrent, en vue de recouvrer leurs anciennes propriétés et leurs droits, à gagner les bonnes grâces de Rostain
d'*Ansusina* ou d'Ancezune, le nouvel archevêque d'Embrun.
Celui-ci venait à peine de faire son entrée solennelle à Em-

---

(1) Bossuet. *Œuvres* (édition Guérin, t. III, p. 370).

brun, le 31 mai 1496, que les habitants de Freyssinières lui
envoyèrent une députation : elle avait à sa tête Facion Gay,
personnage intelligent et résolu, qui, parlant au nom de tous
ses compatriotes, supplia l'archevêque de venir visiter leur
vallée, afin de se rendre compte par lui-même du bon esprit
de la population. Le prélat ne se prononça pas, avant de s'être
renseigné sur des diocésains qui manifestaient un si vif désir
de le posséder, et quand il eut connu la vérité, il leur répondit que les lois de l'Église lui défendaient d'aller visiter ceux
que les inquisiteurs, envoyés par le pape, avaient solennelle-
ment excommuniés ; il ne pouvait donc point se rendre à
Freyssinières, à moins qu'ils n'obtinssent de Rome l'absolution des censures portées contre eux. Facion Gay insista auprès de l'archevêque, alléguant que le roi, par ses lettres
patentes, avait déclaré qu'il pardonnait aux anciens Vaudois,
à la condition qu'ils demeureraient à l'avenir bons catholiques. Rostain ne se départit point de sa réserve et ajouta
que, pour le moment, une seule chose lui était possible et
qu'il la ferait, c'était d'envoyer à Rome frère Jean Colomb,
qui les avait autrefois évangélisés et dont ils connaissaient le
dévouement, afin de demander au pape quelle ligne de conduite il devait suivre à leur endroit (1).

Sur ces entrefaites, Charles VIII vint à mourir. La renommée parlait déjà des intentions généreuses de son successeur.
Ce fut alors pour tous les anciens Vaudois des Alpes une
sorte de réveil. Ceux de l'Argentière et de la Vallouise s'uni-
rent à ceux de Freyssinières et espérèrent des jours meilleurs.
Pendant que leur archevêque s'acheminait vers Reims pour

---

(1) *A catalogue of manuscripts... of Cambridge*, t. I, p. 82, n° 112.
Récit de l'archevêque Rostain sur l'affaire des Vaudois, 1497-1502. Ce
document (16 pages) fort important débute par ces mots : « Est a près-
supposer que l'an mil IIII° IIII** dix et sept, après ma translation de
Fréjus a Ambrun, me déliberoy visiter ma diocèse d'Ambrun... » Le
Dr Todd l'a analysé dans le *British Magazine*, t. XX, p. 192 et suiv., et
Perrin (p. 137-143) en a donné quelques extraits.

assister au sacre de Louis XII, ils eurent la bonne inspiration d'envoyer au nouveau roi des députés pour témoigner de leur attachement à l'Église et à l'État, comme aussi pour réclamer la restitution de leurs biens. Louis XII n'avait rien tant à cœur que de terminer toute question irritante et de rétablir la paix dans le royaume; il fit un favorable accueil aux députés vaudois et renvoya leur affaire au chancelier et au grand conseil. Le chancelier voulut tout d'abord s'enquérir auprès de l'archevêque d'Embrun de la nature des revendications soumises à son examen : Rostain d'Ancezune, avec sa prudence ordinaire, dit que les biens réclamés avaient été confisqués par sentence des inquisiteurs de Rome, à une époque où il n'était point encore archevêque d'Embrun et qu'il ne pouvait à cet égard lui donner des détails bien précis, mais qu'il y avait en ce moment à la cour un président du parlement de Grenoble et un conseiller, Jean Rabot, qui le renseigneraient mieux que personne, attendu qu'ils avaient été l'un et l'autre intimement mêlés à toute l'affaire des Vaudois. Cette réponse était celle d'un homme habile; l'archevêque se persuadait bien, en effet, que le parlement de Grenoble, qui avait conduit toutes les procédures et fait exécuter toutes les sentences de confiscation prononcées contre les Vaudois, ne laisserait pas facilement reviser le fameux procès, ce qui équivaudrait à mettre en jeu son honneur.

Quoi qu'il en soit, le grand conseil décida que le roi en référerait au pape et demanderait à ce qu'on nommât des commissaires apostoliques qui seraient chargés de faire, de concert avec l'ordinaire du lieu, une sérieuse enquête sur tout ce qui s'était passé. Forts de ce premier succès, les députés vaudois, dont il faut reconnaître ici l'habileté et le dévouement, ne perdirent pas un moment et s'adressèrent à Georges d'Amboise, cardinal-prêtre du titre de Saint-Sixte, légat en France du pape Alexandre VI, afin de lever tous les obstacles qui pouvaient s'opposer à la réussite de leur projet. Ils en obtinrent deux brefs, délivrés au nom d'Alexandre VI. Par le premier, daté du 1er avril 1501, tous les anciens Vaudois de l'Argentière, de Vallouise et de Freyssinières sont autorisés à se faire absoudre du péché d'hérésie et de l'excommunication majeure qui l'accompagne; par le second, daté du 5 avril, ils sont pleinement relevés de l'accusation d'usure, dont on les avait également chargés (1). Enfin, sur la proposition du conseil du roi, Alexandre VI agréait, en qualité de commissaires apostoliques, Laurent Bureau, évêque de Sisteron (2), confesseur du roi, et Thomas Pascal, official d'Orléans, et les chargeait de reviser les anciens procès intentés aux Vaudois.

Les députés vaudois, qui suivaient de très près cette affaire, auraient voulu retirer des archives du parlement les dossiers des divers procès qui les concernaient; ils conseillèrent aux commissaires apostoliques, alléguant sans doute que par ce moyen leur tâche serait facilitée, de demander communication de ces pièces. Ceux-ci obtinrent une lettre du roi, par laquelle il était enjoint au parlement de livrer aux mains des commissaires toutes les pièces qui leur étaient utiles, notamment les procédures auxquelles avaient présidé les seigneurs de Fays, Antoine de Lestang et quelques autres conseillers. Cette lettre soulevait une question délicate, sur laquelle délibéra la cour souveraine du Dauphiné: les conseillers, fort mécontents de la tournure que prenaient les choses, répondirent que les documents relatifs aux commissions des seigneurs de Fays, Antoine de Lestang et autres n'étaient pas dans leurs archives; ils avaient bien, ajoutaient-

---

(1) *A catalogue of manuscripts... of Cambridge*, t. I, p. 87, n° 113, 2 et 3. Le bref du 1er avril 1501 débute ainsi : « *Cum nos hodie te.* » (Cf. Dr Todd, loc. cit., n° IX, § VI); celui du 6 avril : « *Ab eo qui...* » (Cf. Dr Todd, loc. cit., n° IX, § VII).

(2) Laurent Bureau, carme, provincial de Narbonne, évêque de Sisteron (1499 11 juillet, — 1504 5 juillet). Cf. *Bibliotheca carmelitana*, II (1722), p. 217-22, et 952; — COLUMBI, *Opuscula*, p. 167-168.

ils, les registres de l'Inquisiteur Albert de Cattaneo, mais ils
étaient si volumineux qu'on ne pouvait les transcrire dans le
délai fixé ; quant à donner communication des originaux, il
ne fallait pas y songer, les règlements de la cour s'opposant
formellement à laisser sortir des archives les pièces origi-
nales (1).

Peu de temps après cette réponse, les commissaires apostoliques arrivèrent à Grenoble. Le 14 juillet 1501, ils parurent
devant le parlement et présentèrent les lettres du pape et du
roi qui leur confiaient la mission que l'on sait. Les conseillers assemblés vérifièrent les lettres et ne purent en refuser
l'enregistrement (2). Cette formalité accomplie, Laurent Bureau et Thomas Pascal se hâtèrent de gagner Embrun. Voici
comment Rostain d'Ancezune, dans les mémoires qu'il a
écrits sur ces événements, raconte sa première entrevue avec
les commissaires apostoliques (3).

« Arrivés que furent, dit-il, Messieurs les confesseurs et
« official d'Orléans a Embrun, ils m'envoyèrent un chevau-
« cheur d'equirie porter les lettres missives du roy, lesquelles
« par moy reçues, m'offris d'obéir et leur mandis qu'il leur
« pleust venir loger chés moy, ainsy que M. le confesseur
« m'avoit promis de faire a Lyon, et incontinent leur envoyai
« de mes gens leur offrir le logis et leur envoyai de mon
« vin : auxquels serviteurs respondirent que je ne leur en-

(1) D. N. Francisci MARCI Decisiones aureæ, t. II, p. 362. « Quæstio
267 : De secta Valdensium. Quæritur super epistola majestatis regiæ et
delphinalis, transmissa ipsi curiæ parlamenti, ad suggestionem hominum
Vallis Loysiæ, Fressineriæ et Argentariæ seu Valdensium, ubi in effectu
mandatur quod curia transmittat acta et processus alios agitatos... »

(2) MARCI Decisiones, loc. cit. Le parlement, après avoir pris connais-
sance des lettres, déclare que les commissaires pourront agir seuls, à
l'exception toutefois de trois cas, où ils ne pourront rien faire sans
l'assentiment de l'archevêque d'Embrun : « In assignatione duri carceris
et etiam tormentis et probationis sententia. »

(3) Voir plus haut la note 1 de la page 116.

« voyasse plus rien, afin que ceux de Frayssinières ne les
« eussent pour suspects et qu'ils ne viendroient point a mon
« dit logis. Et après disner me transportay a leur logis, ac-
« compagné de l'abbé de Boscaudon, aucuns de mes cha-
« noines et autres officiers, et ausdits commissaires de rechef
« offris mon logis, en leur faisant honneur et révérence,
« comme a commissaires apostoliques et royaux et pour
« l'honneur de leurs charge et personnes. Et lors lesdits
« commissaires me présentèrent lesdites commissions apos-
« toliques et royales, me requérant, comme adjoint ès dittes
« commissions et comme ordinaire, qu'y voulusse entendre.
« Et incontinent ce ouy, veues et leues lesd. commissions,
« m'offris avec tout honneur et révérence leur donner toute
« aide et faveur a moy possible, et que par moy ne resteroit
« que lesd. commissions ne fussent complies, en leur offrant
« tous les procès que j'avois, ainsy qu'ils m'avoient de-
« mandé, jacoyt qu'une grande partie desdits procès estoient
« demeurés au grand conseil, du temps de M. le chancelier
« Adam Fumé, qui fist arrester a Lyon mon predecesseur et
« son secretaire, jusqu'a ce que led. Adam Fumé eust lesd.
« originaux des procès, qui furent environ une charge de
« mulet, sans souffrir que led. secretaire en retirast nul dou-
« ble, ainsi que led. secretaire, *medio juramento*, en leur
« présence, en déposa. Et après M. le commissaire com-
« mença a blasmer les commissaires qui, par le temps passé,
« y avoient besoigné. Et admonesta *semel, bis, ter, sub pœna*
« *excommunicationis latæ sententiæ, trina et canonica moni-*
« *tione præcedente* que j'eusse a expédier tous les procès que
« j'avois de cette matière et incontinent, car il n'avoit a
« vacquer en cette matiere qu'un peu de jours, pour estre re-
« tourné en cour a Nostre Dame d'Aoust au roy qui l'atten-
« doit comme son confesseur, jacoyt que paravant me fusse
« offert de luy bailler lesd. procès. Et quand je vis qu'il pro-
« cedoit contre toute forme de droit, qui ordonne a proceder
« contre la dignité episcopale premierement par suspension

« que par excommunication et que j'étois juge comme luy et
« d'abondant ordinaire, demandoi le double de leur commis-
« sion et *terminum ad respondendum*, en forme de droit
« escript. Et adonc M. le confesseur respondit qu'il avoit
« bien usé de semblables censures et commandements, aucuns
« jours devant, contre MM. du parlement de Grenoble, et
« par conséquent qu'il en pouvoit user contre moy et me re-
« pliqua : Vous autres clergeaux, ne savez que deux C. C.
« *Codice et Capitulo* et deux FF *Digestis*, et voulés entre-
« prendre de supprimer la theologie, et que le roy lui avoit
« bien dit de sa propre bouche que l'archevêque d'Embrun
« luy seroit contraire a sa commission et partie formelle
« contre les Vaudois. Et adonc je respondis qu'il me par-
« donnast, car je ne croyois point que le roy m'eust en telle
« estimation, pource qu'en cette matiere n'avois jamais be-
« soigné, sinon tendant a bonne fin, comme toujours enten-
« dois de faire. Et adonc M. le confesseur, continuant en son
« propos, me dit telles paroles : *Vos ad me in modum scriba-*
« *rum et phariseorum, Christum accusantium ad Pilatum,*
« *accessistis cum tantis viris ecclesiasticis ad terrendum me,*
« *sed nihil teneo sub vobis aut dominio vestro et de nihilo vos*
« *timeo.* On luy répondit que je ne menoys avec moy que
« ceux qu'avois accoustumé de mener allant par ma cité.
« Adonc led. confesseur me dit que le roy luy avoit dit, tant
« de moy que des autres prélats du Dauphiné, qu'ils me se-
« roient contraires. Et subitement commanda que les gens
« laïques saillissent hors de la chambre, et après retracta les
« censures qu'il avoit fulminées contre moy, contre forme
« de droict, en disant qu'il luy estoit expedient d'user de tels
« termes rigoureux devant les laïcs et specialement pour
« cause qu'aucuns Vaudois estoient présents, ainsi que plus
« au long du bon accueil que me fit M. le confesseur et des
« choses susdites appert par instrument public. »

Quoi qu'on doive penser de ce récit, qui attribue à Laurent
Bureau un rôle si peu digne d'un évêque, il est du moins

certain que les commissaires apostoliques s'établirent, durant
leur séjour à Embrun, non chez le métropolitain, mais « au
« logis de l'ange ». C'est là qu'assisté de l'archevêque Rostain, ils commencèrent leur enquête le 26 juillet 1501 : ils
voulurent se rendre compte de tout ce qui s'était fait contre
les Vaudois, depuis 1478 jusqu'à la présente année 1501.
Voici les noms de ceux qui déposèrent devant eux et se
montrèrent constamment favorables aux Vaudois : Facion
Gay, François Roux, Antoine Pau, Facion Ripert, tous les
quatre de Freyssinières ; Jean Lager, vicaire d'Orsière, en
Champsaur ; Pierre Raymond, Jean Arnoux, Angelin Palon,
Jean Barthélemy, Hugues Jacques, Jean Faure, Pierre Jour-
dan, Hippolyte Blanc, Jacques Paris, Antoinette, femme de
Facion Ripert, Marie, femme de Guillaume Bret, Jacques
Bonnefoy, Hugues Julien de Vallouise, Thomas Granet de
Vallouise, Jean du Bourg, Claude Humbert, Honoré du
Bourg, Giraud Roux et Jacques Chambon (1). Plus d'une
fois, paraît-il, les détails, révélés par cette enquête, impres-
sionnèrent vivement Laurent Bureau ; il s'étonnait qu'on eût
déployé tant de rigueur contre des hommes qui avaient pu
ignorer certaines choses de la religion, mais qui, dans le
fond, n'étaient pas aussi mauvais qu'on les avait jugés ; la
rumeur publique lui prêtait même cette parole, que l'archevêque Rostain a recueilli dans ses mémoires : « Je voudrois
« estre aussi bon catholique que le pire de Freyssinières. »
Quoi qu'il en soit, avant de quitter Embrun, il voulut absoudre
tous les anciens Vaudois du crime de contumace, réservant
toutefois le jugement définitif de leur cause, *sine præjudicio
causæ principalis et juris cuicumque acquisiti* (2). C'était assez
clairement donner à entendre quel serait le sens du rapport
qu'il allait présenter au roi sur toute cette affaire ; l'archevêque ne s'y trompa point, et s'en montra, dit-on, très irrité.

---

(1) *A catalogue of manuscripts... of Cambridge*, t. I, p. 83, n° 112, *a*.
(2) PERRIN, p. 144.

Quelque temps après, Louis XII se trouvant à Lyon et ayant été bien informé de toutes choses, rendait une ordonnance en faveur des anciens Vaudois de Freyssinières ; nous en reproduirons en partie le texte :

« Loys... Parce qu'il nous est venu a notice que les habi« tants de la Freissinières ont souffert de grands maux et
« vexations, peines et travaux, désirant leur subvenir et qu'ils
« soient restitués en leurs biens meubles et immeubles, com« mandons par ces présentes a tous ceux qui détiennent
« lesdits biens qu'incontinent et sans délay ils se désistent et
« despartent desdits biens et les rendent et destituent auxdits
« suppliants ou a leurs procureurs pour eux chascun en son
« endroit. Et en cas d'opposition, refus ou délay, nous, ayant
« esgard a leur pauvreté et misère, où ils ont esté longue« ment et sont encore détenus, sans pouvoir avoir justice,
« désirant de tout nostre cœur icelle leur estre administrée,
« en voulons cognoistre en nostre personne, adjournons les
« opposants et dilayants a certain jour compétent pardevant
« nous... Donné a Lion, le douzième d'octobre mil cinq
« cens un (1) ».

Les habitants de la Vallouise obtinrent eux aussi du généreux monarque une ordonnance pour obliger tous les détenteurs de leurs biens à les restituer (2).

Les délégués vaudois qui avaient en main la défense des intérêts de leurs compatriotes, se mirent aussitôt en mesure de faire enregistrer au parlement de Grenoble les lettres royales : ils présentèrent leur demande à la cour et n'oublièrent, pour mener l'affaire à bonne fin, aucune des formalités alors en usage ; mais tout fut inutile ; les conseillers refusèrent d'enregistrer les pièces et, le 23 octobre 1501, donnèrent, par écrit, le motif de leur refus : le roi, disaient-ils, d'après les statuts et libertés du Dauphiné, n'avait pas le

_____

(1) PERRIN, p. 145.
(2) F. MARCI *Decisiones*, t. II, p. 193, questio 360.

pouvoir, en dehors de la province, d'exercer la juridiction
contentieuse ; il ne lui était pas permis de dire qu'il ajournait
pardevant lui les opposants à certain jour compétent, *là où
il se trouverait* (1). Les conseillers laissaient assez clairement
percer leur mécontentement de ce que le roi voulait revenir
sur une cause qu'ils avaient eux-mêmes jugée : rien en effet,
dans la question vaudoise, n'avait été réglé que par la décision du parlement. Les délégués redoublèrent d'efforts pour
essayer de triompher de ce mauvais vouloir ; après de longues démarches et beaucoup de dépenses, ils obtinrent du
grand conseil un arrêt, rendu le 27 mai 1502, qui rétablissait
dans leurs biens et leurs droits les habitants de Freyssinières,
de la Vallouise et de l'Argentière, ainsi que tous les autres
habitants de la province, rentrés dans le giron de l'Église.
Une lettre du roi, datée du même jour, confirmait toutes les
dispositions de l'arrêt et en ordonnait l'enregistrement (2).

On pouvait penser dès lors que la cause était définitivement terminée ; il n'en fut rien pourtant. L'archevêque Rostain, Pierre de Rame, Facion de Rame, coseigneurs de
Freyssinières, Hector et Lantelme Eynard, seigneurs de
l'Argentière, Jean de Névache et tous les autres détenteurs
des biens des Vaudois trouvèrent mille prétextes pour les
garder et refusèrent d'obéir aux ordres du roi (3). D'autre
part, l'état d'effervescence que ce lamentable procès entre-
tenait dans le pays, porta quelques-uns des membres les plus
remuants de l'ancienne hérésie à des manifestations qui furent considérées comme des attaques contre l'Église et les

---

(1) Ibidem. « ... Et licet dicti Valdenses secum duxissent unum
ostiarium magni consilii regli, deferentem unum parvum bacculum
album, qui presentavit dictas litteras curiæ ad effectum objiciendi litteras placitorias dictarum litterarum : tamen quoad juridictionem con-
tentiosam non debent exequi extra patriam. »

(2) *A catalogue of manuscripts... of Cambridge,* t. I, p. 85, n° 113, 7
et 8.

(3) PERRIN, p. 146.

autorités civiles. Elles provoquèrent de nouvelles poursuites
et creusèrent de nouvelles divisions. En 1501, le vibailli de
Briançon ordonnait la confiscation des biens d'Eynarde Jul-
lian, de Chantemerle, et d'Antoinette Rogier, de Saint-Chaf-
frey. L'année suivante, il condamnait à mort et à la confiscation de leurs biens Marie, veuve de François Jacques, et
Marguerite, veuve de Pierre Gontier, d'Exilles, Angéline,
femme d'Eyméric Bochi, de Salbertrand (1).

Ces exécutions, jointes au refus obstiné d'être rétablis en
leur ancien état, ravivèrent toutes les haines des Vaudois.
Profitant de ces circonstances, les barbes travaillèrent à re-
constituer leurs églises et à grouper les forces de l'ancien
parti. L'hérésie faisait de jour en jour des progrès alarmants.
On songea de nouveau à d'énergiques mesures. « Les erreurs
« des Vaudois, dit Chorier, s'étendoient insensiblement en
« divers lieux. On s'aperceut en ce temps-ci qu'elles com-
« mençoient à faire un grand progrez dans le lieu d'Oulx,
« dans la terre de Bardonnesche et aux environs. Antoine
« d'Estaing, évêque d'Angoulême, y fut envoyé pour l'arres-
« ter. Il se porta à Bardonnesche, qui étoit le principal siège
« du mal naissant, avec Guillaume Coste, vicaire de Louis
« de Mazlis, prevôt d'Oulx, et trois avocats : Louis de Va-
« rennes, Louis Jacob et Étienne Binet. Estant dans l'eglise
« de cette paroisse, le 5 du mois d'avril 1514, il fit un regle-
« ment à l'issue de la messe paroissiale, qu'il avoit concerté
« avec ceux qui l'avoient accompagné, et même avec les co-
« seigneurs de cette terre, car elle n'étoit pas dans les mains
« d'un seul. Il fut enjoint aux chefs de famille de declarer à
« leurs curés ceux qu'ils soupçonneroient d'hérésie dans
« leurs maisons, soit que ce fussent leurs enfants, soit que
« ce fussent leurs domestiques, et aux curés d'en informer en

---

(1) *Inventaire des archives de la chambre des comptes de Grenoble*,
v° Briançon. Cf. Dᵣ CHABRAND, *Vaudois et protestants des Alpes*, Grenoble, 1886, in-8°, p. 73.

« même temps le prevôt d'Oulx. La peine de ceux qui, étant
« accusés, demeureroient dans l'obstination, fut laissée aux
« termes du droit et de l'ancien usage. Mais elle fut nouvelle
« et jusques à lui inouïe, dans cette province, à l'égard de
« ceux qui auroient un vrai et solide repentir de leur faute.
« Il leur fut commandé de porter à l'avenir sur leur robe une
« croix blanche, si la robe étoit jaune ; ou jaune, si la robe
« étoit blanche. C'est ce qu'on appelle en Espagne le sam-
« bénit. Les seigneurs de cette terre y consentirent : c'étoient
« Ozias de Bardonnesche, Louis de Névache, Gabriel de
« Névache, Gabriel de Bardonnesche, Esprit de Bardon-
« nesche, son père, Claude Ambrois, Claude Morel et Ga-
« briel Morel, son frère (1) ». Ces mesures furent efficaces,
et quelques années plus tard, l'hérésie avait presque entière-
ment disparue des paroisses qui dépendaient de la prévôté
d'Oulx.

Nous ne poursuivrons pas plus loin ce travail ; nous avons
atteint l'extrême limite que nous nous étions assignée. Au
demeurant, avec le XVIᵉ siècle commence, pour l'histoire des
hérésies en Dauphiné, une ère nouvelle. La voix de Luther,
appelant les peuples à l'indépendance de Rome, eut chez
nous un immense retentissement ; le grand mot de réforme
trouva partout de l'écho, et ce fut avec un certain enthou-
siasme que bon nombre de nos compatriotes entrèrent dans
les routes nouvelles où on les conviait. Dans le haut Dauphiné, une lutte plus que séculaire contre l'Église avait pré-
paré les esprits à des changements profonds : c'est du sein
des pays vaudois qu'est sorti Guillaume Farel, « le plus en-
« traînant des réformateurs français (2) ». Dès l'année 1526,

(1) CHORIER, *Hist. de Dauphiné*, t. II, p. 512. La peine dont parle ici
Chorier n'était point chez nous une nouveauté, comme le prétend cet
auteur.

(2) Cf. Gustave VALLIER. *Guillaume Farel*, dans *Bulletin de la société
d'études des Hautes-Alpes*, t. VI (1887), p. 1-19.

paraît-il, le barbe Martin Gonin serait allé le rejoindre à Neuchâtel pour traiter de l'union des Vaudois avec les Luthériens d'Allemagne ou de Suisse (1). Il est certain toutefois que quelques années plus tard, à la suite de démarches et de conférences que nous n'avons point à raconter ici (2), les débris mutilés de la secte vaudoise furent recueillis et absorbés par la grande hérésie des temps modernes.

(1) Provana de collegno. *Rapports de Guillaume Farel avec les Vaudois du Piémont*, dans *Bulletin..... des Hautes-Alpes*, t. VI (1887), p. 257-278.

(2) On peut consulter sur ce point historique, outre le travail cité dans la précédente note : Gilles (Pierre). *Histoire eccl. des églises vaudoises de l'an 1160 au 1643.* Pignerol, 1881, 2 vol. in-12 de 464 et 508 pages (réimpression) ; — Cantu. *Les hérétiques d'Italie*, t. IV, 457-522 ; — Dr Chabrand, op. cit., p. 75-93 ; etc., etc.

# PIÈCES JUSTIFICATIVES

ET

# DOCUMENTS INÉDITS

## concernant les sorciers
## et les Vaudois

---

## I

1380, 1er juillet. Embrun. — *Sentence par laquelle François Borel, de l'ordre des Frères Mineurs, inquisiteur de la foi, livre au bras séculier 108 Vaudois de Valpute, 32 de l'Argentière et 29 de Freyssinières, qui pendant plus de dix-huit mois étaient demeurés sourds à toutes les citations à comparaître devant lui : la justice séculière pourra procéder contre eux, sans cependant les condamner à la mort ou à la mutilation des membres. Quelques Vaudois fugitifs sont en-suite déclarés hérétiques* (Archives de l'Isère, B, 2992, fos 272-287 vo).

In nomine Domini J. C. Amen. Anno ejusdem Domini Mo CCCo oc-tuagesimo, die prima mensis julii..... Cum in generali inquisitione que actualiter fit in Ebredunensi diocesi, de speciali ordinatione et precepto sancte et apostolice sedis, per nos fratrem Franciscum Borelli, ordinis Minorum, sacre theologie magistrum, inquisitorem heretice pravitatis in Arelatensi, Aquensi, Ebredunensi, Viennensi et Tarentasiensi pro-vinciis....., inter alia que ad Dei honorem et in exaltationem fidei

catholice et in exterminium heretice pravitatis et specialiter execra-
bilis secte Valdensium, que, pro dolor ! in dicta diocesi et a multis
retroactis temporibus dampnabiliter viguit et adhuc detestabiliter viget,
infra scripti fuissent coram nobis graviter de dicta heresi delati et
publice diffamati : de Valle Puta : Guillelmus Maria, de Vilario, Petrus
Longii alias Chastanhi, Johannes Longii alias Trous, Albertus Vincencii,.... (*en tout 108 personnes désignées par leurs noms*) : de Argenteria : Astrua Berardi, Agnes uxor Johannis Bressoni... (*en tout 32*);
de Freysseneria : Bellona Alberti, Raymundus Breti, Beatrix, uxor Petri
Marterelli... (*en tout 29*), nos inquisitor prefatus, ex debito sacri commissi nobis officii, experiri cum eis volentes an in rei veritate ita se
haberetur, prout ad nostrum auditum et ad nostram audientiam per-
venerat et fama crebrescens et publica referebat, eos per nostras spe-
ciales litteras citari mandavimus, ut tertia die coram nobis comparere
deberent de fide catholica, de et super qua delati et diffamati sunt et
dicebantur, responsuri, sub excommunicationis pena late sententie,
trina et canonica monitione premissa. Qui et proprie iniquitatis cons-
cii comparere coram nobis in prefixo termino contempserunt, sed se in
fuga et conthumacia constituerunt : unde ii, contumacia exigente,
fuerunt per nos et nostras litteras excommunicationis sententia inno-
dati. Postque, competenti dilatione concessa, iterum per nostras litteras
citari mandavimus ad eorum malitiam convertendam, quos nisi personnaliter reperirentur in eorum domibus et in parrochiali ecclesia diebus
et festis solempnibus fecimus exortari diligenter ut supra causa hujus
modi coram nobis comparere deberent, et quia comparere minime
curarunt... fuerunt per nos... aggravati. Propterea, pro tunc et pro hoc
presenti edicto, ne eorum iniqua malicia et procurata inhobedientia....
possent in posterum tanquam conversiones palliari..., fuerunt citati,
monendo insuper... universis Christi fidelibus,.... ne eos foverent...
nosque etiam de habundantia apud Ebredunum in ecclesia cathedrali
in sollempnibus sollenitatibus et exequutionibus coram notabili clero
et populi multitudine ad hec specialiter convocata, sollempniter citavi-
mus..... Propterea, lapso a die prime citationis uno anno et ultra, et
actendentes quod ipsi tanto tempore sustinuerunt excommunicationis et
aggravationis sententias animo pertinaci, iterum de habundantia et universos et singulos parentes et affines vel amicos citari mandavimus si
aliqua vellent proponere pro eorum deffensione vel excusatione, cum
commendatione expressa quod, nisi super his in assignato termino com-
parerent, contra ipsos ad nostram diffinitivam sentenciam procedere-
mus : quibus non comparentibus, nec aliquibus parentibus, affinibus
vel amicis pro eis intervenientibus vel proponentibus aliqua pro eorum
defensione vel excusatione, eos de multa benignitate canonica specta-
vimus per sex menses, et actendentes eorum animos, more aspidis
aures suas obturantis, fore induratos, non volentes ulterius eorum obstinationem... sustinere, eis locum et tempus ad audiendam nostram
sententiam terminum duximus assignandum... et participato consilio
et assensu venerabilis viri d. Petri de Hugoneria, licentiati in legibus et

baccalarii in decretis et officialis Ebredunensis, in nomine Domini parati
cum apostolo omnem inhobedientiam abscindere, considerantes eos his
saluberrimis nostris..... obedire contemnentes, quia quasi peccatum
sit ariolandi nolle obedire et scelus ydolatrie nolle acquiescere...., quinimo qui rebelles vivunt et dicere atque agere bona recusant magis
dyaboli quam membra Christi se hostendunt..... his loco, tempore, die
et hora eis ad audiendam sententiam nostram assignatis, sedentes pro
tribunali, more majorum, sacro sanctis evangeliis positis in nostro
conspectu ut de vultu Dei nostrum procedat judicium et oculi nostri in
his et aliis videant equitatem, premisso signo venerabilis sancte crucis,
In nomine Patris et Filii et Spiritus sancti, Amen, sequentes sacram
doctrinam, condempnamus et quia constat nobis... vos infra scriptos,
postquam fuistis de infausta et execrabili heresi Valdensium convicti et
confessi .. vos Guillelmum de Maria (*les noms des Vaudois de Valpute,
de l'Argentière et de Freyssinières sont ici de nouveau énumérés*).....
Vos omnes predictos relinquimus brachio seculari, rogantes tamen ut
misericorditer erga vos se habeant et citra penam mortis et judicium
sanguinis ac mutilationem membrorum suum judicium moderetur.....
Quia etiam nobis constat quod infra scripti de dicta heresi coram nobis
fuerunt delati.... se in fuga et contumacia constituerunt et excommunicationis sententiam sustinuerunt per duos annos et ultra animo pertinaci, idcirco eos, velut hereticos, finaliter judicamus, ut Catherinam,
filiam..... (*liste de quelques Vaudois fugitifs qui sont déclarés hérétiques*)..... Acta et publicata fuerunt in ecclesia cathedrali beate Marie,
civitatis Ebredunensis, testibus presentibus.....

---

## II

1437, 24 octobre. Queyras. — *Sentence prononcée par le
juge mage du Briançonnais contre Marguerite, femme de
Jacques Dalmace, dit Pagace, d'Arvieux, dans la châtellenie
de Queyras, qui, accusée et convaincue des crimes de sorcellerie et d'invocation des démons, s'était pendue dans la prison
pour échapper au châtiment qu'elle attendait : sa mémoire sera
vouée à l'exécration publique ; son cadavre, traîné sur la
claie et brûlé publiquement ; tous ses biens seront confisqués.*
(Archives de l'Isère. Registre coté : *Quintus liber fachureriorum*, f^os 173-179. Voir sur ce registre la note 1 de la page 31).

Sequitur sententia lata contra Margaritam, uxorem Jacobi Dalmacii
alias Pagacii, de Arveolo, castellanie Cadracii, de fachuris et sortilegiis
ac invocationibus demonum suspectam et inculpatam.

In nomine Domini Jhesu Xpi, Amen. Anno nativitatis ejusdem millesimo quatercentesimo tricesimo septimo et die vicesima quarta,
mensis octobris, noverint universi et singuli presentes pariterque fu-
turi, seriem presentis hujusmodi sentencie et tenorem presentis publici
sive diffinitive sentencie instrumenti visuri, lecturi ac etiam audituri,
quod viso per nos, Glaudium Tholosani, in legibus licenciatum, consi-
liarium delphinalem, judicem majorem Brianzonesii, quodam criminali
processu, in nostre curie examine exordito per honorabilem virum
Constantium Bochardi, procuratorem fiscalem Delphinalem Brianzonesii, pro jure interesse fiscalii et interesse totius rei publice agente et
prosequente, ex una, contra et adversus Margaritam, uxorem Jacobi
Dalmacii alias Pagacii, de Arveolo, delatam et intitulatam, ut infra.

In primis, siquidem sumptis per nos informationibus secrete contra
ipsam delatam de fachuris inculpatam et venefficiis ac maleficiis et
sortilegiis, viso qualiter dicta delata fuit, mandato nostro, intrusa et
detenta infra castrum dalphinale Cadracii, ad quod nos personaliter
transferendo, eamdem delatam vicibus iteratis examinavimus, que, ejus
mediante juramento ad sancta Dei evangelia prestito, sponte dixit et
fuit confessa, uniformiter perseverando, titulos inquisitionales contra
eam formatos infra scriptos contra se fore esse veros, quorum tenor
sequitur, prout est.

In primis dixit et fuit confessa judicialiter et sponte quod erat etatis
sexaginta annorum et ultra, ac etiam, mediante ejus corporali juramento,
quod Alcheria, uxor quondam Jacobi Fantini, que diu decessit et erat
obstetrix, docuit eam fachuram, maleficium, invocare demonem et ar-
tem magicam.

Item, quod sunt bene triginta anni et ultra, quando in festivitatibus
maii, quadam nocte, dicta ejus magistra in ejus domo dicte Margarite
Pagacii dixit : « Si vis michi credere, docebo te quomodo multa bona
habebis et letitiam. » Et comederunt ibidem simul, et post exivit, et
redeundo duxit quemdam dyabolum inferni, quem nominavit *Chouc-*
*zonie" dyable*, apparentem tunc in forma canis nigri et demum in forma unius hominis nigri, induti de nigro, et apparebat cum eis come-
dere. Tunc dicta magistra dixit : « Iste erit magister tuus. »

Item, post exiverunt in curtem. Dicta delata, inducta per suam magis-
tram, supinavit unum brocum in signum quod a fide Dei recedebat et
fidem dyaboli recipiebat, et genibus flexis se in anima et corpore dicto
dyabolo dedit et tanquam magistrum, dominum et Deum infernalem,
adoravit et ipsum in pede, manu et ore fuit osculata et obtulit unum
agnum nigrum et sic faciebat, anno revoluto, eadem die, singulis annis
quamdiu vixit, ydolatriam et appostasiam comittendo et Deum creato-
rem omnium et redemptorem nostrum relinquendo.

Item, quod ibidem, in Dei omnipotentis vituperium et contemptum,
quem dyabolum nominavit mala gracia, fecit crucem in terra, super
quam ter spuit, Deum renegando, et pedem supra ter ponendo et min-
gendo, et vertens se versus solis ortum contra Deum culum nudum
ostendebat, figam ter faciendo et spuendo et semper Deum renegando,

et pariter hoc faciebat singulis diebus, quandiu vixit, de mane, in Dei vituperium, ipsum obstinate blasfemando et sic execrabiliter et orribiliter vituperando beneficium sue creationis, reddemptionis ac sui esse et perversioni penitus obstinendo et, sicut ingrata, postponendo, divinam et humanam majestatem offendendo.

Item, quod demum dictus dyabolus sibi precepit quod quecunque mala faceret et quod premissa, ipsum dyabolum et alios de secta non detegeret, quia si hoc faceret eam desportaret et destrueret; prohibebat sibi ne *pater noster* diceret nec crucem oscularetur, nec crucem faceret aut ostiam adoraret vel reciperet, et dum suum tributum annis singulis volebat bis foris sibilabat.

Item, plus dixit et fuit confessa quod ibant in cursu seu *al fach*, quando volebant et maxime diebus sabati, martis et jovis, in nocte et silencio, in comictiva dyabolorum et aliorum candelatorum, super quibusdam virgis materialibus devectis, modo et forma in processu descriptis, et ibidem coreas ducebant et commiscebantur cum demonibus et ad invicem mares et mulieres, et erat ibidem in illa congregatione unus dyabolus major ceteris qui vocabatur *Lucibel*, cui sedenti, inclinatis capitibus, honorem omnes impendebant et de forefactis, gestis male et perpetratis rationem reddebant, et alia quamplura ibidem neffandissima committebant cum aliis delatis in processu nominatis.

Item, plus dixit et fuit confessa quod, ministerio dyaboli, matrimonia impediebat, modo et forma in processu descriptis, specialiter Guillelmo Toissy et Margarite ejus uxori, et lac ab animalibus tollebat nominatorum in processu et impedimenta quando volebat removebat.

Item, plus dixit et fuit sponte confessa quod dyabolus predictus, ejus magister, intravit carceres in quibus ipsa detinebatur, et lucebant sibi oculi sicut due lucerne, et commiscebantur cum ea, et revelabat sibi quid officiales contra eam disponebant et quod eam plus custodire non poterat et quod esset combusta.

Item, plus dixit et fuit confessa quod cum aliis suis complicibus et in processu nominatis invisibiliter se conveniebant in quodam nemore et aliis locis in processu descriptis et sibi ad invicem promictebant in manibus dyabolorum ne una alteram accusaret et obumbraretur nebula obscura, et ibi disponebant de suis maleficiis comictendis et venenosum pulverem componebant ex rebus venenosis in processu descriptis, in quibus etiam ponebant crines vulve menstruate, de quibus venefficiebantur quos volebant, etiam invisibiliter ministrando et prestigiose, ministerio demonum.

Item, plus dixit et fuit confessa quod de dicto pulvere et veneno dedit in pane calido Margarite, filie nobilis Guilhermi Alberti, ejus olim nurui, et mulieri Anthonii Thoissy, ad hoc etiam ne se posset servare quod non commisceretur et carnaliter participaret cum omni homine, ex causis in processu contentis.

Item, plus dixit et fuit confessa quod ipsa et alie sue complices in processu nominate obtulerunt primos liberos flexis genibus demonibus, quos demum per collum extinxerunt et de carnibus in ipso pulvere posuerunt et specialiter de ipsa delata quemdam suum filium, vocatum Guilhelmum, etatis quinquies ebdomadarum, homicidium et funestum sacrificium perpetrando.

Item, plus dixit et fuit confessa quod anno proxime lapso et post festum sancti Michaelis, ipsa delata et Jacoba, uxor Johannis Pisquet, de Bramaffa, et Peyronnella, relicta Jacobi Gerberii, de Eygleriis, et plures alie in processu descripte et nominate, simul convenerunt in domo habitationis dicte Munde, in fonte de Eygleriis, et deliberaverunt venenum dare reverendissimo in Christo patri et Domino Domno nostro Ebredunensi archiepiscopo in castro suo de Guillestre et ipsum maleficare, quod et tunc fecerunt per ministerium dyabolicum et dicte Peyronnelle, in dicto castro, prefato domino nostro moderno archiepiscopo, ex causis in processu descriptis, tam execrabile maleficium committendo et crimen lese majestatis divine et humane etiam perpetrando.

Item, quod propter ea dicta delata se pluries ream mortis asserebat et cernens se delatam tantorum criminum culpabilem in castro Quadracii laqueo se extinxit et sibimet mortem constituit.

Item, quod propter ea dicta delata fuit longissimo tempore maleffica, veneffica, appostata, invocatrix demonum, filiicida, fachureria, ydolatra, et divine et humane majestatis rea.

Item, quod in et supra premissis fuit sepe judicialiter spontissime confessa, argumentis convicta et etiam testibus.

Item, quod propter ea dicte delate memoria venit secundum jura dampnanda et severiter etiam in bonis, fama et liberis punienda.

Item, quod predicta omnia sunt vera, notoria et manifesta.

Item, quod de predictis est publica vox et fama.

Demum, visis depositionibus et testium in ejusdem delate presentia productorum et juratorum actostationibus, recte et legitime publicatis et in processu ipsius cause insertis, necnon videre non obmictentes qualiter ipsa delata, post dictam suam confessionem pluries coram nobis sponte factam, semotis quibuscumque questionibus et tormentis ac coactione, et in conspectu eorundem existens in carceribus dicti castri se nequiter, spiritu diabolico inducta et sue salutis penitus immemor, laqueo suffocavit et extinxit, ac omnibus et singulis in processu ipsius cause contentis et descriptis, et que circa ea fuerunt videnda et actendenda et que nos movent ac movere possunt et debent ad recte judicandum, sedentes pro tribunali, in loco subscripto per nos ad hunc actum specialiter electo, more majorum negociorum ad jura reddenda, non plus ad partem dexteram quam ad sinistram declinantes sed causam hujusmodi equo libramine pensantes, sacrosanctis Dei evangeliis nostro in conspectu propositis ut de vultu Dei nostrum rectum prodeat judicium oculique nostri in hiis et aliis semper videant equitatem, signo venerabili sancte crucis nos munientes, dicentes: In nomine Patris et Filii et Spiritus Sancti, amen, ad nostram ordinationem et diffinitivam sententiam quam ore nostro proprio proferimus et procedimus in hunc qui sequitur modum, in presentia discreti viri Petri Charbonnelli, vice procuratoris fiscalis Brianczonesii ibidem comparentis, et in hujusmodi causa diffiniri secundum merita processus hujusmodi ipsamque delatam seu ejus memoriam dampnari et puniri taliter quod ceteris talia perpetrantibus et presumentibus facere et committere tam gravia et nefandissima crimina et perpetrare, jurisperitum sententia cedat in exemplum, ejusdemque delate bona omnia et singula domino nostro Dalphino et ejus fisco applicari et annotari atque confiscari postulantis :

Cum, per tenorem processus hujusmodi, plene nobis judici predicto constet et appareat dictam delatam de et super premissis criminibus et delictis fuisse culpabilem et legitime convictam ac etiam judicialiter confessatam et repertam et tanquam impenitentem, dyabolo instigante, metu criminis et pene, laqueo se extinxisse et sibimet mortem concurisse, Idcirco per hanc nostram diffinitivam sententiam, quam in hiis presentibus scriptis, ore nostro proprio proferimus, actentis premissis et execrabilitate et gravitate criminum commissorum per eam, memoriam damnamus ejus, etiam omnia bona ejus fisco Dalphini confiscantes et publicantes, ac ejus cadaver aut exemplum et similitudinem ordinantes trahi usque ad locum per nos ordinatum et ibi concremari, ut similia facere volentibus cedat in exemplum, nostre presentis sentente exequutionem commictentes nobili castellano Cadracii vel ejus locum tenenti, de qua nos demum per publicum instrumentum certifficare debeat, decernentes etiam et ordinantes omnia bona dicte Magarite Pagacii inventoriari et ad manum dalphinalem redduci, que ex nunc redduximus et reducimus, per hanc nostram diffinitivam sententiam fisco applicanda.

Acta, lata et publicata fuit presens hujusmodi predicta sententia apud castrum Cadracii, ante aperaturam domus nove heredum nobilis Francisci Scrivani, notarii publici, per supradictum judicem majorem Brianczonesii, ibidem super quodam stamno pro tribunali electo sedendo, presentibus nobili Alberto Alberti alias Merlin notario, nobili Poncio Scrivani notario de castro Cadracii, Hugone Sermetis, de Strenis, nobili Johanne Alberti filio Gervasii, Georgio Boczonis et Jacobo Roberti alias Riffini, de Arveolo, ac pluribus et diversis aliis hominibus ibidem, existentibus, testibus convocatis.

De quibus dictus Petrus Charbonelli, vice procurator, petiit dalphinali nomine fieri publicum instrumentum per me Jacobum Scrivani, notarium publicum et scribum juratum curie majoris Brianzonesii, in testimonium premissorum.

---

## III

1438, 15 mars. — *Sentence par laquelle Pierre Vallin, de la paroisse de Sainte-Blandine, au mandement de la Tour-du-Pin, est livré au bras séculier, comme hérétique et sorcier ; il est spécifié toutefois que le juge séculier ne pourra le con-*

*damner à mort* (Archives de l'Isère, B, 2972, f° 585. *Le pro-cès contre Pierre Vallin est dans le même registre* f° 580 et suiv.).

Sententia heresis, data per reverendum dom. Johannem de Scalone, in decretis bachalarium, sacristam Dyensem atque officialem reveren-dissimi in Xpo patris dom. d. Johannis de Norri, archiepiscopi Viennen-sis, cum plena potestate, necnon per venerabilem religiosum virum An-thonium Andree, vicarium dom. Inquisitoris, cum plena potestate, con-tra Petrum Vallini, parrochie Sancte Blandine, Turris Pini, sequitur in hunc modum : Cum tu, PetreVallini, per propriam confessionem tuam sponte factam..........., titulis inquisitionalibus contra te forma-tis, etiam informationibus ad partem contra te sumptis, quibus sepe et pluries fuisti repetitus, deprehendaris culpabilis de sortilegiis quibus-dam per te enumeratis et specificatis, cum invocatione demonis quem tua spontanea voluntate in magistrum recepisti, quem magistrum tuum Belzebut per te nuncupatum in quibusdam actibus tuis Belzebut invo-casti et appellasti, cui demoni magistro tuo obediendo servisti et obe-diens fuisti spacio sexaginta trium annorum et ultra eidemque diabolo, magistro dicto ut supra tuo Belzebut, hommagium fecisti, flexis geni-bus, eidem propriam manum sinistram osculando in pollice in signum hommagii, eidem Belzebut magistro tuo dando unum liardum pro introgiis et ulterius a post, singulis annis, ipsum diabolum infernalem Belzebut in tuum magistrum suscipiendo, Deum omnipotentem creato-rem nostrum totaliter renegando, dederisque eidem magistro tuo infer-nali Belzebut corpus tuum et animam tuam, ad postulationem ipsius, fecerisque insuper crucem in terra et super eadem cruce ex post trina vice spuisti ipsamque crucem ex post jussu tui magistri Belzebut cal-casti et cum larvaci in despectum et vituperium creatoris nostri quem dictus magister tuus Belzebut nominabat prophetam, et insuper eidem magistro tuo diabolo dedisti quamdam filiam tuam vocatam Frances-cam, tunc etatis dimidii anni, quam inde dictus tuus magister Belzebut interfecit, prout per te fuit relatum, et inde quamplurima sortilegia fecisti, parendo preceptis dicti tui magistri ; insuper premissa pera-gendo, verberasti quemdam fontem, ex precepto dicti tui magistri dyaboli, ex quo inde exierunt, eadem arte dyabolica et eo causante, varie tempestates quibus mediantibus quamplurima dampna inde sunt secuta super fructibus terre; diversis vicibus, cum dicto demone Belze-but magistro tuo et comictiva tua, ad factium sive ad synagogam accessisti, in unum bacculum ministerio dicti dyaboli equitando, et in ea cum eisdem fuisti in diversis locis et ibidem certos infantes cum tua comictiva comedisti ipsumque demonem magistrum Belzebut in forma mulieris etatis viginti annorum tibi apparentem ibidem certis vicibus carnaliter cognovisti et quamplurimos casus contra sanctam fidem catholicam per te enormiter commisisti, latius in processu predicto contra te formato expressos et declaratos, sic quod punitione

magna secundum exessuum per te commissorum qualitatem et quantitatem existi dignus, et jam dicto modo ydolatrando, hereticando et
a fide apostando gravissime deliquisti, taliter quod terra sicut Dathan
et Abiro te absorbere debuisset, si Dei clementia tue emende et conver-
sionis et penitendi spacium non prebuisset : Quibus propterea ex
tenore processus actentis, per hanc nostram diffinitivam sentenciam,
quam in his scriptis sedentes pro tribunali ferimus, pronunciamus et
declaramus te Petrum Vallini hereticum, ydolatram et a fide catholica apostatam atque demonum invocatorem et tanquam talem te
brachio seculari hac eadem nostra sententia remictimus pro debita
justicia ministranda, cum protestatione tamen sollempni quod citra
mortis periculum et sanguinis effusionem judex secularis, ad quem
spectat, te benigne pertractare habeat et tecum misericorditer agere,
de quo etiam eum per presentes exortamur et rogamus. Et nichilominus, eadem nostra sententia, bona tua omnia pronunciamus et declaramus, a die commissi criminis jamdicte heresis, fuisse et esse in fiscum
lata: ipsa propterea confiscamus cum de jure debentur confiscando
et applicando, detractis prius et deductis expensis nostris in hac
causa legitime factis, necnon etiam tercia parte omnium bonorum tuorum tam mobilium quam immobilium pro conservatione juris domini
nostri Archiepiscopi Viennensis et sacri officii nostre inquisitionis, in
quibus eadem nostra sententia te condempnamus, taxa ipsorum inde
nobis reservata. Hanc nostram sententiam per nos prenominatos pro-
nunciatam contra predictum hereticum signavi ego frater Anthonius Andree, predictus vicarius, manu propria, anno Domini M°CCCC°XXXVIII°
et die XV° marcii.

Fr. ANTHONIUS ANDREE,
Vicarius domini Inquisitoris.

## IV

*Les crimes attribués aux Vaudois, d'après un poème intitulé*
le Champion des Dames, *ouvrage composé en l'an 1440, par*
*maître Martin le Franc, prévôt de l'église de Lausanne (Frag-*
*ment publié dans la* Bibliothèque de l'Ecole des chartes,
2° série, t. III (1846), p. 85-7, *d'après un ms. de la Bibliothè-*
*que Nationale, suppl. franç., 632).*

. . . . . . . . . . . .
L'adversaire ung peu resjouy
Respondy : tu feras la croix
Quand tu auras le cas ouy.
Vray est, ouy l'ay-je, m'en crois,
Que les vielles, ne II, ne trois,

Ne vingt, mais plus de trois milliers
Vont ensemble en aulcuns destrois
Veoir leurs dyables familliers.
Ce n'est pas truffe, non, ne gale :
Tache n'ai-je de menterye,
Ne aude pas que je te gabe

21

En parlant de leur sorserye,
Quant tu sauras leur puterye
Toutes les vouldroies vir arses,
Et n'est au monde flaterye
Qui leur fait puist torner a farses.
Je te dy avoir veu en Chartre
Vielle, laquelle confessoit
Apres qu'escritz estoit en chartre
Comment dès le temps qu'elle estoit
De XVI ans ou poy s'en faloit
Certaines nuis de la Valpute
Sur ung bastonnet s'en aloit
Veoir la sinagogue pute.
Dis mille vielles en ung fouch
Y avoit-il communement,
En fourme de chat ou de bouch
Veans le dyable proprement,
Auquel baisoient franchement
Le cul en signe d'obéissance,
Renyans Dieu tout plainement
Et toute sa haute puissance.
Là faisoient choses diverses :
Les unes du dyable aprenoient
Arts et sorceryes perverses,
Dont pluiseurs maulx elles faisoient;
Aux aultres les danses plaisoient
Et aux pluiseurs manger et boire ;
Là en habondance trouvoient
De tout plus qu'on ne porroit croire :
Le dyable souvent les preschoit.
Et qui se voloit repentir
Trop durement il le tenchoit
Ou le bastoit sans alentir.
Mais à tous ceulx qui consentir
Vouloient a tous ses plaisirs
Il promettoit sans rient mentir
Le comble de tous leurs désirs.
Celluy dyable en fourme de cat
Parmi le monde tournoioit,
Et comme juge ou advocat
Toutes requestes escoutoit.
Chacun tel honneur lui faisoit
Comme a Dieu; aussy le faux gars
Ungs et aultres resjouissoit
Par paroles et par regars.
Et sachiez qu'en la despartye
Chacun sa chascune prenoit,

Et d'aucune n'estoit lotye
D'homme, ung dyable luy survenoit;
Puis un chacun s'en revenoit,
Comme vent sur son bastonchel :
Telle puissance luy donnoit
Sathan a mauvais larronchel.
Item, la vielle nous conta
Que, quant hommage au dyable fit,
Ung oignement luy aporta
De diverses poisons confit
Dont elle maint homme deffit
Depuis encore plus de cent
Et affola et contrefit
Maint bel et plaisant innocent.
Item, redit la male beste
Que par pouldre qu'elle souffloit
Faisoit sourdre et lever tempeste
Qui blez et vignoble riffloit
Entes et arbres essiffloit,
Et en estoit ung pays gasté.
Et d'aucun contre elle ronfloit,
Il estoit tantost tempesté.
Plus de VI cent ont déposé,
Sans qu'ilz fussent mis a torture,
Qu'ilz ont le grésil composé
Par dessus tous les mont d'Esture,
Et pluie et vent contre nature
Fait tresbucher où ilz vouloient,
Et mainte aultre male aventure
Les dyables faire leur faisoient.
Encor plus fort elle disoit,
Dont je me donne grand hideur,
Que le dyable homme se faisoit
Et avec luy prenoit l'ardeur
De luxure, O Dieu quel horreur !
Vray Dieu que la coulpe est notable!
O vray Dieu Jhésus quel erreur !
La femme est mariée au dyable !
Je vouloie tout ce mescroire
Et disoie : c'est advertin
De teste, quant le me fit croire
Une aultre que je vis le matin
Disant : j'ai Gohier et Quotin
Veu danser et mener la gogue
Et sachiez que grec et latin
Viennent a notre sinagogue.
. . . . . . . . . . . . .

## V

1487, août 26 - septembre. — *Commencement des procédures de l'inquisiteur Albert de Cattaneo contre les Vaudois d'Usseaux, Mentoules et Pragela dans le Val-Cluson* (Extrait du registre A, f° 28 verso-41.

Et tunc prefatus dominus commissarius volens commissionem sanctissimi domini nostri exequi et oves aberrantes ad ovile Dei et unitatem fidei reducere licteras suas monitorias gratie superius annotatas et post modum, ut patet, executas dedit *(le nom en blanc)* nuncio suo jurato ut curatis et vice curatis Ucellorum, Mentholarum, et Pratigelati traderet eisdemque juberet ut superius in dictis licteris contenta exequerentur, qui suo juramento retulit die vigesima sexta authenticam unam copiam collationatam cuilibet curato Ucellorum, Mentholarum et Prati Jallati presentasse et dimisisse et ipsis ut illas exequerentur mandasse, sumptis tamen prius per prefatum dominum commissarium debitis informationibus et judiciis ut inferius patebit.

Eodem anno et mense quibus supra, die vero XXVIII augusti, volens prefatus commissarius cum habitatoribus vallis Clusonis agere eosque bonis monitionibus, predicationibus et cohortationibus ad fidem Christi reducere, injunxit fratri Johanni Columbi, ordinis Minorum, et michi infrascripto notario et capellano suo ut in die sancti Johannis Baptiste, que dies est vicesima nona augusti, ad parrochiam Prati Jallati accederemus ibidemque in missarum solempniis omnes a fide aberrantes ut ad fidem christianam reddirent moneremus et hortaremur, omnibusque sponte et vere redeuntibus gratuitum absolutionis beneficium pollicere- mur; qui mandatis hujusmodi parentes illuc accessimus populoque ad divina et in predicatione congregato gratiam predictam nuntiavimus et omnes cohortati sumus, sed neminen invenimus qui se velle reddire diceret signumque alicujus redductionis ostenderet.

Eodem anno, die prima septembris, presentibus religiosis viris magistro Mattheo Bermundi, sacre theologie professore, priore Mentholarum, ac spectabili juris utriusque doctore domino Oroncio Eme, judice Briançzonii, et ejus locum tenente, ac Jordano Cordis, fiscali procuratore, necnon Johanne Grandis, notario et domino Petro, ejus filio, juris canonici professore, comparuerunt coram prefato domino commissario Johannes Brunelli, Johannes Vinczonii de Mentholis, et Franciscus Grioti, de Prato Jallato, petentes et requirentes prefatum dominum uti ad morbidas oves a bonis separandas in Vallem Cluzonis se transferre vellet. Qui prefatus dominus commissarius, habito cum superius nominatis consilio, respondit eis quod infra quinque dies, mitterent syndicos et consules locorum vallis predicte eisque peterent qui eum securum et tutum facerent; nullum enim ipsi habebant mandatum et cum ex informationibus constaret ipsos alias contra inquisitorem rebellasse et vi armata officialibus restitisse, non videbatur tutum absque legitima cautione, ibidem procedere et processus agitare.

Qui Johannes et Franciscus predicti promiserunt quod syndicos et consules predictos ad requirendum et securari prefatum d. commissarium venire facerent die deputata : quod tamen factum non extitit.

, Eodem die, presentibus spectabilibus viris dominis judice Brianczonii, et procuratore fiscali, ac Lamberto Dues, notario, vocatus et citatus coram prefato d. commissario Daniel Grioti, habitator Prati Jallati, interrogatus ex quo loco veniebat et ad quid, cum nescire se diceret, titubaret vacillaretque, de consilio predictorum, jussu prefati d. commissarii arrestatus est, prout in processu agitato contra ipsum singulariter latius et solempnius continetur.

' Eodem anno et mense, et presentibus quibus supra, die vero quarta septembris, in loco Brianczonii, in sala inferiori, presentatus dictus Daniel Grioti, coram prefato d. commissario et interrogatus ex quo loco die prima septembris et ad quid veniebat et per quem missus erat, respondit quod ex Frassineria ad querendum unum barbam Valdensium, Johannetum nuncupatum.

Interrogatus quis eum miserat, respondit quod Valdenses Prati Jallati, qui habita deliberatione in die decollationis sancti Johannis Baptiste, qua die frater Johannes Columbi pro parte d. commissarii predicaverat et eos ut ad unitatem fidei reddirent monuerat, missus est ad conducendum dictum barbam Johannetum in Frassineria, qui ad eos confitendos et e converso predicandos, confirmandos et consultandos accederet, et quod pridie similiter ad querendum alium barbam in valle Sancti Martini destinatus fuerat.

Interrogatus qui erant in dicta deliberatione et quotiens confessus est peccata sua cum barbis et qui sunt valdenses in valle Cluzonis et decrevnerunt redire ad gremium sancte matris Ecclesie vel remanere in eorum nephandissima credentia, respondit quod decreverunt stare in credentia sua et quod infrascripti sunt Valdenses, prout latius patet in processu speciali contra eum agitato et inferius descripto.

Sequuntur informationes sumpte per prefatum dominum commissarium, que sunt :

Eodem anno et mense, die vero undecima, visis et diligenter spectis informationibus, judiciis, et testium depositionibus necnon rebellionibus factis alias contra officium inquisitionis et etiam aliorum officialium, necnon absolutionibus et abjurationibus per homines Vallis Clusonis jam sexagnita annis elapsis solempniter factis parentumque suorum recidivatione et successorum in eosdem errores insicione, considerantes etiam quod ad ipsos predicatores qui eos ad veram christi fidem collendam ac unitatem fidei redducerent litterasque monitorias quibus sponte et vere redeuntibus omnis pene remisio et gratuitum absolutionis benefficium pollicebantur. premisimus, quodque ipsi e contrario magistros Valdensium, barbas nuncupatos, ex Frassineria et valle Sancti Martini ad eos confitendos et in eorum nephandissima

secta confirmandos, predicandos et consultandos accersivere et in eorum
turpi et abominabili secta permanere decreverunt, et quia dicti heretici
divinam majestatem ledere et offendere non verentur, ut temporalis
saltem pena corripiat quos spiritualis non corrigit disciplina, habito
cum spectabilibus viris dominis Oroncio Eme, juris utriusque doctore,
judice Brianczonii, et Jordano Cordis, procuratore fiscali, maturo consilio, infrascriptos Valdenses Vallis Clusonis Brianczonii die superscripta
arrestari jussimus, videlicet:

Turinum Vilhoti, — Glaudium, ejus filium, — Petrum Lantelmi, —
Bartholomeum Lantelmi, — Franciscum Pastoris, — Johannem Paneti,
— Johannem Macheodi : de Prato Jallato ; — Jacobum Ferrerii, —
Johannem Albi, — Anthonium Chalerii, — Facium Veylerii :

Quorum quidem processus sequuntur et sunt tales.

Anno et mense quibus supra, die vero decima quarta septembris,
presentibus spectabilibus viris domino Oroncio Eme, j. u. doctore,
judice Brianczonii, et Jordano Cordis, procuratore fiscali, ac Anthonio,
Odoardi, castellano arcis Brianczonii, in arce predicta, in sala inferiori,
presentatus Petrus Lantelmi, de Prato Jallato, coram reverendissimo in
Xpo patre domino Alberto de Capitaneis, commissario ante dicto, tanquam principalis in suo facto et testis in alieno, et interrogatus si unquam confessus est peccata sua alicui magistro Valdensium et quando
et quotiens, et quid ei dicebant, respondit medio suo juramento in manibus prefati d. commissarii prestito, tactis corporaliter scripturis, et
cet... Interrogatus si cognoscat aliquos Valdenses, respondit quod sic,
prout latius in ejus speciali processu continetur.

Eodem anno, mense et die et loco, presentibus quibus supra, presentatus Bartholomeus Lantelmi, de Prato Jallato, coram prefato d. commissario, tanquam principalis in facto suo et testis in alieno, et interrogatus si
unquam confessus est peccata sua alicui barbe seu magistro Valdensium
et quando et quotiens, et quid ei dicebant, respondit medio suo juramento
in manibus prefati dom. commissarii prestito, tactis corporaliter scripturis, quod sic. Interrogatus si cognoscat aliquos Valdenses, respondit
quod sic, prout latius patet in ejus processu speciali et continetur.

Et tunc prefatus d. commissarius, habito cum religiosis sacre theologie magistris et aliis notabilibus viris et doctoribus consilio, actento
quod ipsi gratis et sponte et statim et incontinenti errores suos et
aliorum confessi fuerunt, ipsis ante januas Beati Francisci prostratis
erratorum suorum veniam petentibus, abjuratis solempniter erroribus,
coram omni populo, absolutionis beneficium impendit, ipsisque injunxit
ut patres, fratres et sorores, propinquos, familiares et amicos ad gremium sancte matris ecclesie et ad absolutionem petendam accedere pro
posse facerent, quibus omnibus absolutionis beneficium impartiri offe-
rebat et pollicebatur, absque ullo metu detentionis vel alicujus molestie :
et similiter Johanni Beraudi notario dicte vallis, uti supra scriptis,
imposuit ut ad dictam vallem accederet et quoscunque ut ad christianam religionem redirent moneret et hortaretur, et similiter mandavit
Johanni Vinczonii, et Johanni Brunelli, de Mentholis.

Qui prefatus dominus commissarius videns ipsos homines Vallis Cluzonis non venire ad gremium sancte matris ecclesie, de consilio predictorum judicis et procuratoris, statuit aliquos homines vallis predicte citare, prout in licteris monitoriis infra scriptis continetur, quarum tenor de verbo ad verbum sequitur et est talis.

Albertus de Capitaneis, juris utriusque doctor, archidiaconus Cremonensis et in hac parte nuncius et commissarius apostolicus in partibus Pedemontis, Dalphinatus et nonnullis locis adjacentibus super extirpatione heresis secte pauperum de Lugduno seu Valdensium specialiter deputatus et constitutus, ut de parte nostra constat bullis publicis quarum copiam non mictimus sed terminus habetur volentibus, universis et singulis ecclesiarum rectoribus et nunciis seu eorum locatenentibus nechnon nunciis publicis et notariis per dyoceseos Taurinensem et Ebredunensem ad quos spectat et presentes pervenerint, salutem in Domino. Intelligentes ex relatu fide dignarum personnarum et ex multis judiciis et informationibus manifestis notoriisque diffamationibus per nos sumptis homines habitatores vallis Cluzonis multo tempore veneno heresis fuisse infectos hominesque predicti per nos hortati et interpellati si ad gremium sancte ecclesie reddire vellent, quod usque ad presens facere neglexerunt, quod cum dissimulatione pertransire non possumus, volentes morbidas oves more, boni postoris, ad veram fidem Xpi collendam restituere, quod fieri non potest nisi vulnera detegantur et propterea dentur infirmis congrua sanitatis et morborum omnium expulsiva, tenore presentium, auctoritate apostolica qua in hac parte fungimur, districte vobis et vestrum cuilibet precipiendo mandamus quathenus ex parte nostra citetis omnes et singulos dicta labe infectos et presertim in pede presentium descriptos quod infra tres dies proxime futuros, sub excommunicationis late sentente pena, quorum unum pro uno, unum pro secundo, et unum pro tertio et peremptorio termino assignamus, debeant personnaliter comparere coram nobis Brianczonii in domo nostre solite habitationis responsuros de fide catholica et ceteris interrogationibus, inquisitionibus quas facere intendimus contra eos, quoniam fuerunt nobis de heresi per multas fide dignas personnas multimode accusati, qui si venerint et se emendare vellent erroresque suos detegere et abjurare, parati erimus eis humiliter beneficium absolutionis impartiri et alia facere quibus poterint merito in Domino gratulari : alias, elapso dicto termino, ipsis ulterius non monitis vel expectatis, ad arctiora juris remedia, justicia mediante, procedemus : de quarum exequutione per vos seu alterum vestrum fienda, nos per debitam vestram retroscriptionem vel alia legitima documenta certiorare curetis, alias presentium latori refferenti credemus cum juramento, et quoniam fortasse infrascripti citandi commode haberi et deprehendi non possent, mandamus copiam presentium affigi valvis ecclesiarum Mentholarum, Ucellorum et Prati Jallati, per quam affictionem volumus et decernimus ipsos esse legitime citatos ac si personnaliter citati essent. In quorum omnium fidem presentes fieri jussimus et registrari nostrique soliti sigilli impressione muniri. Datum Brianczonii, die decima octava septembris, anno millesimo quadringentesimo octuagesimo septimo, PHILIPPUS.

Nomina citandorum sunt hec :

Symondus Chalerii, — Johannes Chalerii, — Martinus Don, — Jacobus Barralis, — Bonethonus Galeani, — Guigo-Galeti, — Guigo Bartholeti, — Johannes Vole, — Johannetus Aratorii, — Vincentius Bonnii, — Justus Bot, — Laurentius Ramoli, — Lentelmus Bonneti, — Daniel Ponsati, — Johannes Pastoris, — Glaudius Garini, — Franciscus Broe, — Daniel Josserandi, — Johannes Ferrerii, — Guilhelmus Albi, — Guigo Borelli, — Petrus Borelli, — Johannes Borelli, — Daniel Paneti, — Daniel Matheodi, — Martinus Floti, — Guillelmus Beliardi, — Thomas Ferrerii, — Bergonus Bergoni, — Jacobus Charreti, — filius Guigonis Bruneti, — Philippus Pastoris, — Benedictus Vincencii, — Hugo Joli, — Antonius Daniel, — Daniel Martini, — Johannes Vilhoti.

Quarum quidem litterarum tres authentice, sigillate ac subscripte, ut supra, et tres copie collationate curatis et vice curatis Mentholarum, et Ucellorum et Prati Jallati transmisse sunt et per eosdemet curatos et vice curatos die vigesima prima septembris execute fuerunt, prout authentice actis transmissis per eosdem et super exequutionem hujusmodi retroscriptam et per me in silina actorum positis plenius constat : quorum quidem retroscriptorum tenor hujusmodi de verbo ad verbum sequitur :

Anno quo supra et die vigesima septembris, fuit exequuta presens littera per me vicarium Prati Jallati in ecclesia publica, populo congregato, cum honore et reverentia, ut precipitur et mandatur.

Anno Domini millesimo CCCC° octuagesimo septimo et die vigesima prima mensis septembris, fuerunt exequute presentes littere in ecclesia Mentholarum publice, infra missarum solempnia, videlicet in offertorio, coram populo ibidem congregato, per me Honoratum Chancelli, vicarium ecclesie predicte, cum honore ac reverentia, ut precipitur et fieri mandatur.

Anno quo supra et die vigesima prima mensis septembris, exequuta fuit presens littera per me curatum Ucellorum, cum honore et reverentia quibus decet, contra retro nominatos, ut in presenti littera continetur.

Anno quo supra, die vero vigesima quarta septembris, suo juramento retulit Gonetus Fabri, serviens et nuncius juratus et publicus prefati d. commissarii, se die vigesima cuilibet curato superius descripto authenticam unam litteram et copiam collationatam dedisse et dimisisse eisdemque, ut in litteris continetur, mandasse.

Sequuntur littere gratie quas prefatus d. commissarius etiam hominibus Vallis Clusonis ad redducendos ipsos et ad criminandam malitiam recognoscendamque pertinaciam et obstinationem eorum : quarum litterarum tenor de verbo ad verbum sequitur et est talis.

Albertus de Capitaneis...... universis et singulis ecclesiarum rectoribus, curatis et ministris seu eorum locatenentibus necnon nuntiis publicis et notariis per dyoceseos Taurinensem et Ebredunensem, ad quos presentes pervenerint, salutem in Domino semper. Cupientes mor-

bidas oves ad ovile Domini reducere et letifferam pestem heretice
pravitatis penitus extirpare et homines vallis Cluzonis de heresi infectos ad unitatem fidei et christianam religionem revocare, volentesque
cum eis misericorditer, clementer et benigne agere, nonnullos predicatores qui illos ad veram Christi fidem catholicam reddire hortarentur
litterasque monitorias quibus infra terminum in eis prefiximus sponte
et vere redeuntibus omnis pene remissionem et gratuitum absolutionis
benefficium pollicebamur, premisimus, et cum, ultima termini die, ad
nos nonnulli viri christicole et fidei orthodoxe zelatores, nomine aliorum, accessissent, rogantes ut nos in dictam vallem transferamus,
putantes omnes ad sancte matris ecclesie gremium reducere velle, quibus una cum spectabilibus juris utriusque doctore domino Oroncio
Eme, judice Brianczonii, et fiscali procuratore aliisque notabilibus
viris, dedimus spem eundi, modo opere adimplerent que verbis pollici-
tabantur. Verumtamen postmodum ex Danide Grioti complice ipsum a
nonnullis Valdensibus dicte vallis ad ducendum quemdam heresiarcham
eorum magistrum, barbam nuncupatum, et similiter eamdem ob causam
per predictos homines ad accersendum alium barbam in valle Sancti
Martini destinatum fuisse ut ad eos confitendos et in eorum nephandissima, turpissima et abhominabili secta confirmandos et consultandos
accederent, intelligentes unum agi et aliud simulari et nichil nisi dole,
fraude et ficte fieri ipsosque in eorum perversis erroribus judicatos pertinaces ac obstinatos esse, justicia pigente que deceptores, fraudatores,
debitis penis affici jubet, Brianczonii detineri firmiter volentes propterea non per simplices, rudes, ydiotas et ignorantes penam pro delin-
quentibus et malignis peractam, vobis et vestrum cuilibet in solidum ad
quos presentes nostre devenerint, commictimus et auctoritate apostolica
qua in hac parte fungimur, precipiendo mandamus quathenus, receptis
presentibus, in vestris missarum solempniis publicetis et publicari faciatis et, ne quis ignorantiam pretendere possit, copiam deinde valvis ecclesiarum vestrarum parochialium affigatis, citetisque et moneatis omnes
et singulas personnas, tam laycas quam ecclesiasticas utriusque sexus,
presentes vel absentes cujuscumque gradus, status et conditionis exis-
tant, sicuti et nos per presentes citamus et monemus in virtute Spiritus
Sancti, sancte obedientie et sub late sentencie excommunicationis pena,
omni canonica monitione premissa, quathenus quicumque sentit se
errasse in fide catholica vel in aliquo ejus articulo seu Valdensibus
confessus fuerit, receperit consilium seu prestiterit, favorem dederit seu
eorum predicationibus interfuerit, teneatur et debeat se presentare
coram nobis in loco Brianczonii, in domo nostre solite habitationis,
hinc ad alios quattuor dies proxime futuros, quorum unum pro primo,
unum pro secundo, et duos pro ultimo et peremptorio termino assignamus, ad dicendum clare et aperte quidquid sit de tali materia. Si
quis vero se presentaverit humiliter accusaturus ac se vel alium quem
presumerit vel eum forsan crediderit, defenderit, receptaverit vel fove-
rit et se emendare vere et non ficte voluerit, utque talis sit excessus
quod carcerari mereretur, promictimus tamen omem penam remictere

eique humaniter benefficium absolutionis impartiri et ad famam, hono-
res et officia restituere ac de bonis et personis gratias facere quibus
poterit merito in domino gratulari, sicuti novissime nonnullis qui ad
gremium sancte matris ecclesie redierunt gratis fecimus, modo puram
et plenam tam de se quam de aliis dixerit veritatem : alias, transacto
dicto termino, contra eos, secundum tenorem commissionis nostre, justicia mediante, ad forciora juris remedia procedemus. Denunciabitis
insuper omnes excommunicatos et ab officiis et benefficiis privatos et
ad alia in posterum habenda inhabiles, quicunque Valdensibus seu
eorum credentibus vel receptoribus consilium, auxilium vel favorem
prestiterint directe vel indirecte, palam vel occulte, sub quavis forma,
colore vel ingenio, seu cum eis composuerint peccunias, qui propter
eos mediate vel immediate receperint seu in futurum prescribere
composuerint vel acceperint. De quorum executione per vos seu alterum vestrum facienda, nos per debitam vestram retroscriptionem vel
alia legitima documenta certiorare curetis, alias presentium latori
referenti cum juramento credemus. In quorum omnium fidem presentes
fieri jussimus et registrari nostrique sigilli soliti impressione muniri.
Datum Brianczonii, die decima octava septembris, millesimo quatercentesimo octuagesimo septimo. PHILIPPUS.

---

# VI

1488, 29 mars et 2 avril ; à Embrun, devant Albert de
Cattanéo. — *Interrogatoires de quatre Vaudois de Freyssinières, dont les aveux dévoilent les croyances et les mœurs
de la secte* (Archives de l'Isère. Registre B, fos 82-98).

Anno Domini millesimo quatercentesimo octuagesimo octavo et die
sabbati numerata vicesima nona mensis hujus martii, apud Ebredunum, infra hospicium insignis campane, in domo inferiori, presentibus
spectabili viro meritissimo Johanne Raboti, legum doctore, Dalphinali
consiliario, et egregio domino Oroncio Eme, juris utriusque doctore,
judice majore et vibaillyvo Brianczonesii.

Comparuit Poncius Bruneti, alias Arnulphi de Fraxineria, coram re-
verendo in Xpo patre domino Alberto de Capitaneis, juris utriusque
doctore, archidiacono Cremonensi, nuntio et commissario appostolico
per sanctam sedem appostolicam specialiter deputato ad extirpandam
nephandissimam heresim secte pauperum de Lugduno, genibus flexis
constitutus, sepe sepius et sepissime veniam petens, interrogatus, medio suo juramento in manibus prefati domini commissarii prestito,
tactis corporaliter sacrosanctis scripturis, de veritate dicenda, si con-

fessus est unquam peccata sua cum aliquo barba Valdensium, respondit quod a juventute sua confessus est barbis Valdensium, videlicet barbe Stephano, et barbe Anthonio et maxime a barba Stephano.

Item, dixit quod post vidit decem barbas Valdensium cum quibus confessus est, genibus flexis, et absolutionem ab eis obtinuit; nomina et cognomina dictorum decem barbarum quos dixit cognovisse, dixit se ignorare. Item, dixit se ab eisdem barbis credidisse fuisse absolutum.

Interrogatus quid eidem dicebant dicti barbe Valdensium et predicabant, dixit quod uni soli Deo est credendum et recurrendum et non ad sanctos, nec ad Virginem Mariam, nec ad sanctas, quia fuerunt homines sicut sumus; quodque de festivitatibus apostolorum et diebus dominicarum colendum et celebrandum eidem precipiebant. Item, de quattuor temporibus, cum a Deo scripta non fuerint, pro jejunando nullum faciunt computum nec eisdem precipiunt. Item, quod non sunt nisi due vie, quia aut sunt salvati aut dampnati dum moriuntur, et nullum esse purgatorium. Item, quoquomodo non fore jurandum Deum nec sanctos, quamvis pro veritate. Item, et de indulgenciis et censuris ecclesiasticis non esse curandum nec tenent computum. Item, quod tantum valet orare Deum in domibus sicut in ecclesia, et presbiteri et ceteri domini prelati ecclesie tenent vitam nimis largam, et quod quis tantum habet bonitatis et sanctitatis tantum habet etiam auctoritatis. Item dixit credidisse fidei dicta per dictos barbas Valdensium et a tempore quo eisdem confessus est in eadem credentia vixisse.

Interrogatus si habeant domum pro sua secessione in loco Fraxinerie in qua redducantur tutius ipsi barbe Valdensium, dixit quod non, et quod semper eisdem barbis confitebatur in domo sua.

Interrogatus a quo loco accipiunt eorum potestatem dicti barbe Valdensium, dixit quod nescit.

Interrogatus quam penitentiam eisdem injungebant dicti barbe Valden., dixit quod diceret viginti aut triginta pater noster.

Interrogatus si anno quolibet confessus est curato suo et si recipiebat corpus Domini in festo Pascatis anno quolibet, dixit quod sic.

Item, dixit quod est annus elapsus quo fuit excommunicatus per litteras reverendi in Christo patris domini domni archiepiscopi Ebredunensis et eamdem excommunicationem ab eodem tempore substinuit et etiam dicti reverendi domini commissarii.

Item, dixit quod in loco Cabeoli, Argenterie, et Valleloysie sunt aliqui Valdenses qui contribuunt cum eis in eorum talhiis.

Item, dixit quod dicti barbe valdenses sunt layci et grosso panno induti.

Item, dixit quod nulla est differentia inter aquam benedictam et aliam aquam pluvialem seu labentem per bedale, quia cappelani non possunt benedicere, quia Deus benedixit aquas.

Interrogatus si fuerit prosequutus et procurator Valdensium ad manutenendam ipsam sectam Valdensium, dixit verum esse quod fuit Gratianopolim ad obtinendum litteras a magnifico domino Gubernatore Dalphinali salviconductus et ad relaxari faciendum quosdam de eorum secta Valdensium qui erant Gratianopoli in carceribus Dalphinalibus mancipati et detenti.

Item, dixit quod ipsi barbe valdenses tenent vitam appostolorum et sequuntur vitam Christi et paupertatem, presbiteri autem romane ecclesie male vivunt et sequuntur divitias; et propterea habent meliorem potestatem quam presbiteri.

Interrogatus quare cicius non venit ad misericordiam, dixit quod fuit male advisatus : pluribus aliis interrogationum sibi factarum dixit se nichil aliud scire.

Qui quidem dominus commissarius appostolicus, audita confessione dicti Poncii Bruneti alias Arnulphi, cumdem Poncium Bruneti assignavit personaliter coram eodem compariturum et absolutionis benefficium ab eodem obtenturum ad diem martis proximam.

Eodem anno, die, loco et presentibus quibus supra, comparuit coram prefato domino commissario Franciscus Breti, filius Petri, de Fraxineria, etatis XXXta annorum vel circa, humiliter genibus flexis veniam petens, qui ejus medio juramento in manibus prefati domini commissarii, corporaliter tactis scripturis, prestito, interrogatus si confessus est unquam peccata sua cum aliquo barba Valdensium, dixit et respondit quod de mense augusti proxime lapsi venerunt duo barbe Valdensium domum Petri Breti, ejus patris, in qua erant ipse loquens et Felizia ejus uxor, que est filia Johannis Albi de Caturriariis, qui quidem barbe eisdem predicaverunt eorum legem et eosdem induxerunt ad eisdem confitendum, et demum confessus est semel ab uno ex ipsis barbis, et etiam dicta Felizia ejus uxor, genibus flexis, capite discoperto, et se absolutum ab eodem esse credidit, et demum dum fuit confessus, eidem dedit prandium.

Interrogatus quid eidem dicebant dicti barbe Valdensium, dixit quod solus Deus est orandus et non est recurrendum ad sanctos nec ad sanctas, quia sancti fuerunt homines sicut et nos sumus et non audiunt orationes nostras, quia nullam habent potestatem.

Item, et quod de vigiliis non est curandum nec ullum faciunt computum.

Item, quod majores festivitates ecclesie, videlicet Nativitatis Domini, Pascatis, Pentecostes et Ascensionis, Corporis Christi, sunt collende et celebrande, et de aliis festivitatibus sanctorum nec sanctarum non esse curandum.

Item, dixit quod quando anima separatur a corpore, quod aut vadit ad paradisum aut ad infernum, et quod non sunt nisi due vie, et quod nullum est purgatorium.

Item, dixit quod deserere eorum sectam est peccatum irremissibile.

Item, quod non fore dicendum mendacium.

Item, dixit quod omnes de Fraxineria, de Prato Jalato, et certi de Caboeolo contribuunt in expensis super hac secta Valdensium pro eadem secta manutenenda, et quod sunt de eorum secta Valdensium.

Item, dixit se fuisse excommunicatum et monitum responsurum de fide per reverendissimum dominum archiepiscopum Ebredunensem, est annus clapsus, et demum per dictum dominum commissarium, et eamdem excommunicationem substinuit per spacium unius anni vel circa.

Interrogatus quare cicius non venit ad misericordiam, dixit quod fuit male advisatus, et quod alii Valdenses de Fraxineria non permittebant ipsum venire ad misericordiam.

Interrogatus si illi Valdenses de Valle Clusonis in Brianczonnesio, Valle Sancti Martini et *(en blanc)* venerunt ad Valdenses Fraxinerie ad eisdem petendum auxilium, dixit quod nescit.

Pluribus aliis interrogatoriis sibi factis dixit se nichil aliud scire preter quod supra deposuit.

Et prefatus dictus commissarius apostolicus, audita confessione ejusdem Francisci Breti, ipsum Franciscum assignavit et assignat coram eodem personaliter compariturum et obtenturum absolutionis benefficium ad diem martis proximam, et alia facturum que de jure fienda incumbunt.

Eodem anno, die, loco et presentibus quibus supra, comparuit Johannes Breti, de Fraxineria, etatis quinquaginta quattuor annorum vel circa, qui ejus medio juramento, corporaliter tactis scripturis, in manibus prefati domini commissarii prestito, interrogatus si unquam confessus est peccata sua alicui barbe Valdensium, dixit quod non.

Interrogatus si contribuerit in talhiis quas faciebant ipsi homines de Fraxineria ad manutenendam sectam Valdensium, dixit et se deffendendo dixit quod omnes de Fraxineria et certi de Argenteria et valle Loysia in eodem contribuunt et quod ipsemet in eodem contribuit.

Interrogatus si fuit presens in sermonibus et sinagoga quas faciunt ipsi barbe Valdensium, dixit quod non.

Interrogatus si vellit sibi imponi penam ignis tamdiu quod reperiatur ipsum esse de secta Valdensium et barbis Valdensium confessum fuisse, dixit quod non, quia sufficeret esse condemnatum per justiciam.

Interrogatus an vellit stare depositis et confessioni suorum vicinorum et habitantium vallis Fraxinerie, dixit quod non.

Pluribus aliis interrogatoriis sibi factis, dixit se nichil aliud scire preter que supra deposuit.

Tum, cum prefatus dominus commissarius, auditis depositionibus per ipsum Johannem Breti factis, quia precedentibus informationibus nobis exhibitis constat ipsum Johannem Breti esse de secta Valdensium, ipsum Johannem assignavit et assignat ad coram eodem apud Ebredunum personaliter compariturum et ad latius respondendum, ad diem martis proxime futuram, apud Ebredunum, in hospicio insignis campane et alia facturum que de jure fienda incumbunt, et hoc sub penis a jure stabilitis, ad que facienda eidem pro termino statuit.

Consequenter, anno quo supra et die martis numerata prima mensis hujusmodi aprilis, apud Ebredunum, in loco et albergaria qua supra, presentibus spectabili viro Johanne Raboti, legum doctore, Dalphinali consiliario, et nobili et egregio domino Oroncio Eme, juris utriusque doctore, judice majore et vice ballivo Brianczonnesii, comparuit prefatus Johannes Breti de Fraxineria coram predicto domino commissario,

genibus flexis, humiliter petens veniam, et interrogatus, medio suo juramento in manibus prefati domini commissarii prestito, tactis corporaliter scripturis, si unquam confessus est peccata sua barbis Valdensium, dixit et respondit quod sunt tres anni elapsi quibus recedebat a
loco Ebreduni apud Fraxineriam et recedendo reperit duos barbas
Valdensium dissimulatos in speciem peregrinorum, qui eumdem
exhortaverunt si vellet confiteri eisdem et eundem verbis blandis induxerunt eum ad confitendum, et tunc confessus est uni ipsorum; de
nominibus ipsorum barbarum non recordatur.

Interrogatus quid dicebant ei dicti barbe Valdensium, dixit et respondit quod solus Deus est orandus et non sancti.

· Item, de festivitatibus virginis Marie, apostolorum et diebus domi-
nicis, collendum et celebrandum : de aliis festivitatibus sanctorum non
est curandum, exceptis quod de quattuor principalibus scilicet Pascatis,
Pentecostes, Ascensionis et Corporis Christi.

Item, de jejunando diebus vigiliis beate Marie, appostolorum et quatuor temporum et aliis, non est curandum.

Item, quod viri ecclesiastici tenent vitam nimis largam et non sunt
imitatores vite Christi et appostolorum ; ideo non habent tantam potestatem sicut eorum barbe, qui sunt imitatores vite Christi et appostolorum.

Interrogatus si audiverit monitiones domini in Xpo domni archiepiscopi Ebredunensis, dixit quod sic, et quod, in exequutionem ipsarum
litterarum, fuit monitus responsurus de fide coram eodem, et in exequutionem ipsarum fuit excommunicatus per spacium unius anni et
ultra, et etiam reverendi domini commissari.

Interrogatus quare cicius non venit ad misericordiam, dixit quod fuit
male advisatus.

Interrogatus si fuerit in sermonibus ipsorum barbarum et si dicti
barbe portant libros in quibus est scriptum de eorum secta, dixit quod
nescit.

Pluribus aliis interrogatoriis sibi factis, nichil voluit respondere.

Et prefatus commissarius eumdem assignavit ad coram eodem personaliter comparendum et absolutionis beneficium obtinendum, quam
eidem impartiturum policitus est ad diem in actis designatam : qui
minime mandatis obedire curavit nec etiam comparere.

Eodem anno, die, loco et presentibus quibus supra, comparuit Johannes Anthoardi, de Fraxineria, coram prelibato domino commissario,
genibus flexis, humiliter veniam petens, qui suo medio juramento
tactis scripturis corporaliter prestito, interrogatus si unquam confessus
est peccata sua barbis Valdensium, dixit et respondit quod sunt tres
anni elapsi vel circa quando ipse Johannes Anthoardi veniebat a loco
Chancelate apud Pallonum ad ejus domum et obviavit duobus barbis
Valdensium, quorum nomina ignorat, qui eidem predicaverunt eorum
legem et eundem induxerunt ad confitendum et demum confessus
alteri ipsorum, qui erant induti grosso panno et eosdem hospitatus est
illo vespere, et eisdem dedit ad comedendum, et absolutionem ab eis-

dem obtinuit, capite discoperto, genibus flexis, et se absolutum esse credidit.

Interrogatus quid eidem dicebant dicti barbe, dixit quod solus Deus est orandus et in eo est credendum et non in sanctis nec virgine Maria, et quod nullum est purgatorium, quia non sunt nisi due vie, quia quando moriuntur, anima vadit in paradisum vel ad infernum.

Item, de festivitatibus Natalis Domini, Paschatis, Pentecosthes, Ascensionis et Corporis Christi, colende, et celebrande sunt, de aliis non est curandum.

Item, de sacramentis ecclesie nec etiam censuris, non tenent computum, quia dicunt domini prelati ecclesie tenent vitam nimis largam, ob quod perdiderunt eorum potestatem, et quod quis tantum habet sanctitatis tantum habet et autoritatis, et quod ipsi habere tenent vitam appostolicam.

Item, de quadragesima incipienda, die luna carnisprivii antiqui post dominicam de quadragesima.

Interrogatus si in Valle Clusonis, Argentaria et Valleputa sunt Valdenses, dixit quod audivit dici quod sunt plures Valdenses in eisdem locis.

Item, dixit quod noluit contribuere in talhiis ipsorum de Fraxineria ad manutenendam sectam Valdensium et deffendendam, ob quod est exceptus ab eadem contributione et de eodem habet instrumentum.

Interrogatus si audiverit monitiones reverendi domini archiepiscopi Ebredunensis, dixit quod sic, et etiam reverendi domini commissarii, et excommunicatus extitit in exequutionem ipsarum per spacium unius anni et ultra.

Interrogatus quare cicius non venit ad misericordiam, dixit quod fuit male advisatus.

Pluribus aliis interrogatoriis sibi factis dixit se nichil aliud scire, preter que supra deposuit, et quod dicta per eum sunt vera.

Item, dixit quod credidit dicta sibi per dictos barbas Valdenses, et in eadem credentia vixit a tempore quo eisdem barbis fuit confessus.

Et prelibatus dictus commissarius eundem Anthoardi assignavit ad coram eodem personaliter comparendum, ad diem martis proximam, exhibiturum instrumentum exceptionis predicte, per ipsum allegate.

Eodem anno et die secunda mensis aprilis, apud Ebredunum, infra albergariam insignis campane, in domo inferiori, prefatus Johannes Arthaudi, de Fraxineria, coram honorabili domino Petro Sabine, decretorum doctore, canonico et officiali Ebredunensi et venerabili domino Philippo de Placentia, cupelano prefati domini commissarii, commissario per dictum d. commissarium apostolicum delegato ad audiendas confessiones et responsiones Valdensium, cujus quidem commissionis tenor talis est.

Albertus de Capitaneis...(f° 93 blanc).

.... (f° 95) Eodem anno, die et testibus quibus supra, comparuit Petrus Romani, de Fraxineria, etatis XLta annorum vel circa, humiliter veniam petens, genibus flexis, qui ejus medio juramento in manibus prefati d. commissarii prestito, interrogatus si unquam confessus est peccata sue barbis Valdensium, dixit quod non, et quod nichil scit de eadem secta, nisi quod audivit dicere quod est deputatus quidam commissarius super hac materia sive secta Valdensium. Et dictus dominus commissarius eumdem Petrum Romani assignavit ad coram eodem comparendum ad latius respondendum de fide, ad diem martis proxime futuram.

Eodem anno et die secunda mensis aprilis, apud Ebredunum, in loco quo supra, presentibus quibus supra, representatus coram domino commissario d. Petrus Romani de Fraxineria, etatis XL.ª annorum vel circa, humiliter genibus flexis, veniam petens, qui ejus medio juramento in manibus d. commissarii prestito, interrogatus si unquam confessus est peccata sua cum barbis Valdensium, dixit verum esse quod sic et quod sunt septem vel octo anni elapsi vel circa, quibus Facius Arthaudi, ejus avus maternus, eundem induxit ad confitendum sua peccata cum barba, cujus nomen ignorat, et demum eisdem barbis confessus est sex vicibus, quorum nomina dixit se ignorare, et absolutionem ab eisdem barbis obtinuit et se absolutum esse credidit et penitentiam ab eisdem obtinuit, et dixit quod sibi injungebant pro penitentia dicere decem pater noster et Ave Maria, genibus flexis, capite discoperto se confitendo. Interrogatus quid eidem dicebant dicti barbe valdenses, dixit non fore jurandum nec dicendum mendacium; item, quod solus Deus est orandus et non sancti nec virgo Maria, quia nullam habent potestatem nisi eisdem datam a Deo. Item, quod non sunt nisi due vie et quod non est purgatorium nisi in hoc mundo. Item, quod ipsi barbe dicunt se tenere vitam apostolorum et quod prelati ecclesie tenent vitam nimis largam et quod quantum quis habet bonitatis tantum habet et auctoritatis, et quod prelati romane ecclesie perdiderunt bonitatem, ideo perdiderunt et auctoritatem; ideo ordinata per eos nullius sunt valoris. Item, de festivitate sanctorum et sancte matris ecclesie preceptis non est curandum, nec vigiliis jejunandum. Item, dixit audivisse motiones Rever. domini Archiepiscopi Ebredunensis, et etiam dicti domini commissarii, et se excommunicatum extitisse in exequutionem ipsarum litterarum dicti Rev. d. archiepiscopi Ebred. et d. dom. commissarii, et extitit excommunicatus per spacium unius anni. Pluribus aliis interrogatoriis sibi factis dixit se nichil scire, et tamen dixit deposita fuisse vera, omni metu et tortura semotis. Et dictus dom. commissarius injunxit dicto Gabrieli Romani quathenus una cum aliis Valdensibus qui secum venerant, venirent publice in regale ecclesie collegialis Ebredunensis in predicatione et ibidem moraretur genibus flexis obtenturus beneficium absolutionis et alias facturus que de jure incumbunt.

Eodem anno et die, loco ac presentibus quibus supra, presentatus Facius Audonis, filius Johannis, de Fraxineria, etatis viginti quinque annorum...... (*Comme la précédente déposition*).

fᵒ 98. Demum, anno quo supra et die ultima mensis aprilis, apud Chamcellatam, representatus dictus Facius Audonis, coram Petro Grandis, jurium licenciato, commissario per prefatum Rev. dom. commissarium deputato ad audiendum confessiones et responsiones dictorum Valdensium, cujus quidem commissionis tenor talis est :

Albertus de Capitaneis, juris utriusque doctor, archidiaconus Cremonensis, super extirpatione dampnatissime heresis secte pauperum de Lugduno nuncius et commissarius apostolicus, dilecto nobis in Xpo domino Petro Grandis, decretorum professori, salutem. Cum nos ad presens certis occupationibus circa hoc sacrum officium inquisitionis sumus impediti in tantum quod non omnes audire possumus, propter multitudinem personarum beneficium absolutionis indigentium, de tua probitate et solerti diligentia confidentes, tibi commictimus et potestatem concessimus et concedimus ut ad loca Fraxinerie et Chamcellate te transferas et quos ad gremium sancte matris ecclesie vere velle cognoveris reddire, benigne recipias et ad nos pro meritis recepturos, ubi nos adesse contigerit, transmittas, quoniam ita fieri volumus et jubemus. In quorum omnium fidem presentes fieri jussimus nostrique soliti sigilli impressione muniri. Datum Ebreduni, die XXVI mensis aprilis, anno nativitatis Domini millesimo IIIIᵒ LXXXVIIIᵒ.

A. CAPITANEIS.

Ibidem, coram eodem d. Petro Grandis, vice commissario, existens ipse Facius Audonis, genibus flexis, humiliter veniam petens, qui ejus medio juramento in manibus prefati dom. commissarii prestito, interrogatus si unquam confessus est peccata sua cum barbis Valdensium, respondit quod non. Item dixit quod Johannes Audonis, ejus condam pater, eidem dixit quod contribuerat in talhiis que fiunt in Fraxineria ad defendendum et manutenendum sectam Valdensium, et quod accessit Ebredunum ad causam obtinendi litteras contra consules propter contributionem factam in talhiis per dictum ejus patrem, quia nichil volebat solvere nec contribuere in ipsis. Item dixit quod stetit extra locum Fraxinerie per spacium decem octo annorum vel circa.....

---

VII

1488, 27 avril. Embrun. — *Albert de Cattanéo absout un certain nombre de Vaudois de Freyssinières, avec injonction d'une pénitence canonique* (Archives de l'Isère. Registre B, fᵒ 108-14).

Deinde, anno nativitatis Domini millesimo quatercentesimo octuagesimo octavo et die vicesima septima mensis predicti aprilis, apud Ebredunum, ante regale beate Marie, majoris ecclesie Ebredunensis, presentibus venerabilibus dominis Petro Savine, officiali Ebredunensi ac priore Balmarum, Petro Grandis, juris canonici professore, necnon

magnificis dominis Hugone de Palude, locumtenente, dalphinali consiliario, nobili Flote de Monte Eynardi, domino Argenterie, et spectabilibus
viris dominis Oroncio Eme, juris utriusque doctore, judice Brianczonii,
Michaele Veourini, judice Fraxinerie, Hugoneto Eme, Raymundo Domi-
celli, juris licenciato, de eodem loco Ebreduni, presentibusque ceteris
pluribus cum aliis notabilibus viris ibidem existentibus coram reve-
rendo in Xpo patre domino Alberto de Capitaneis, juris utriusque doctore, archidiacono Cremonensi, super extirpationem dampnatissime
hujusmodi secte pauperum de Lugduno inquisitore necnon et commissario apostolico, comparuerunt ibidem subscripti, humiliter, genibus
flexis, sepe sepius et sepissimo petentes et requirentes, et quilibet ipsorum, veniam et beneficium absolutionis sibi impendi.

Quibus auditis, prefatus reverendus dominus commissarius, nolens
mortem peccatorum sed ut convertantur et vivant, sedens pro tribunali,
more suorum majorum, super quadam cathedra, visis confessionibus
per ipsos et quemlibet ipsorum factis, licet indigni sint, tot vicibus rebelles et contumaces, volensque facere eis omnem humanitatem et
misericordiam, ipsorum per ipsos et quemlibet ipsorum infra nominatorum abjuratis solempniter erroribus, prout post eorum nomina continetur, a quibuscunque censuris quas propter ea, heresim confitendo,
recipiendo, associando, vel propagando seu quomodolibet participando
vel conversando, incurrisse dignoscuntur, dicendo In nomine Patris et
Filii et Spiritus Sancti, amen, dedit absolutionem et absolvit, ipsosque
et quemlibet ipsorum communioni fidelium et ecclesiasticorum sacra-
mentorum participationi et sancte matris ecclesie unitati restituit, injuncta eis, pro modo culpe, penitentia salutari, in quorum omnium fidem
presentes fieri jussit per me Laurentium Dues, firmarium Dalphinalis
Brianczoni subsignatum.

Nomina vero abjuratorum sunt hec:

Johannes Pellati, — Petrus Arnulphi, — Facius Raymundi, — Gonetus
Pelegrini, — Facius Breti, — Thomas Ruffi, alias Albi, — Poncius
Arnulphi, alias Boneti, — Angelus Paloni, — Johannes Artaudi, —
Michael Ruffi, — Giraudus Ruffi, filius Johannis, — Guillelmus Alardi,
— Hugo Alardi, — Franciscus Ruffi, filius Johannis, — Michael Riperti,
— Anthonius Artaudi, — Jacobus Anthoardi, — Turinus Durandi, —
Franciscus Breti, filius Petri, — Johannes Anthoardi, — Johannes Odo-
nis, filius Johannis, — Petrus Arnulphi, filius Petri, — Michael Fran-
cisci, — Johannes Ruffi, filius Bartholomei, — Petrus Jordani, —
Anthonius Ruffi, filius Claudii, — Johannes Anthoardi, filius Bartho-
lomei, — Johannes Panis, — Johannes Arnulphi, filius Anthonii, —
Glaudius Crispini, — Petrus Panis, filius Anthonii, — Turinus Ber-
trandi, — Petrus Alardi, filius quondam Petri, — Michael Jordani, filius
quondam Jordani, — Johannes Ruffi, — Durandus Ruffi, — Johannes
Jordani, — Petrus Jordani, — Stephanus Arnulphi, filius Odonis, —
Franciscus Pascalis, — Hugo Alardi, — Bonetus Giraudi, — Guillelmus
Berardi, — Petrus Bardoni, filius Petri, — Guillelmus Ruffi, filius
Glaudii, — Petrus Arnulphi, — Michael Ruffi, — Stephanus Geraudi, —

25

Johannes Pascalis, filius Francisci, — Johannes Bertrandi, barba, — Turinus Bertalonus, — Guillelmus Baridoni, — Poncius Berthalonus, — Guillelmus Boutry, — Petrus Anthoardi, — Johannes Panis, — Johannes Anthoardi, — Jacobus Baridoni, — Bonetus Bertrandi, — Michael Berthalon, — Facius Ruffi, — Arnulphus Baridoni, — Stephanus Baridoni, — Spiritus Alardi, — Petrus Bernardi, — Beatricia, filia Guigonis Bermundi, — Guilhelma, uxor Petri Crispini, — Catherina, filia Johannis Ruffi, — Plesancia, relicta Antonii Crispini, — Laurencia, filia Johannis Anthoardi, — Francisca, filia Petri Pelegrini, — Magdalena, uxor Petri Arnulphi, — Anthonia, filia Guilhelmi Orcerii, — Johanna, filia Stephani Ruffi, — Margarita, uxor Petri Pelegrini, — Anneta, filia Johannis Alardi : omnes de Fraxineria.

Tenor abjurationis per supranominatos et quemlibet ipsorum facte, et ecce talis est, quilibet ipsorum dicendo nomina sua.

Ego N. recognosco et confiteor coram vobis reverendissimo domino commissario apostolico me errasse in predictis, et super his, corde contrito et humiliato, absolutionem et penitentiam requiro, et hos errores seu hujusmodi omnia alia, quocunque nomine censeantur, abjuro, et promitto quod de cetero servabo illibatam fidem, quam romana tenet ecclesia, et hereticos vel fautores, receptores, et benefactores, bona fide et sine dolo et sine mora, manifestabo ecclesie vel prelatis, et penitentiam que michi pro dicta mea culpa injungetur, integre servabo et complebo, et volo et concedo quod si, ab hac hora in anthea, me contingeret relabi vel in eundem errorem vel ad aliam quamcunque heresim, nomine quocunque censeatur, errando forte in aliquo capitulo, vel credendo seu fidem habendo errantibus, vel eos seu fautores eorumdem recipiendo scienter, aut deffendendo aut fovendo, dicto vel facto, aut eis benefaciendo, aut eos qualitercunque celando, aut non manifestando bona fide et sine mora, vel penitentiam injunctam non servavero aut perfecte non complevero, ab inde, ipso facto, habear excommunicatus pluries et hereticus manifestus necnon rebellis tam sancte romane ecclesie quam inclito principi nostro, omniaque bona mea confiscata habeantur camere apostolice et fisco dicti principis nostri et aliis, juxta juris dispositionem, et me ego, ut premittitur, judico ex nunc et condempno, ita quod sine ampliori cognitione et sentencia, que juris relapsis et manifestis hereticis indicitur, michi pena imponatur. Insuper juro ad Sancta Dei Evangelia, et sic me Deus adjuvet, semper obedire et obsequi admonitionibus et mandatis sancte romane ecclesie et domini nostri pape, nunc aut pro tempore existentis, sub eisdem obligationibus et penis ut supra. Denique assero et protestor me puram et integram veritatem de me et aliis, in quantum scio, dixisse, et si fortasse constare poterit me maliciose de veritate aliquid tacuisse, eo casu imponenda aut injungenda michi a vobis penitentia seu absolutio obtenta aut obtinenda nichil michi prosit in quocunque foro.

Quorum quidem supra nominatorum sequuntur penitentie pro suis demeritis per eumdem dominum commissarium imposite.

Et primo viri, qui steterunt in balmis pro se deffendendo a justicia,

deferre debeant duas cruces diversi coloris in panno vestis, una ante
pectus et alia retro, inter scapulas, in superiori veste defixas, et hoc per
spatium quinque annorum proxime futurorum; alii vero homines, qui
non steterunt in balmis, teneantur deferre ipsas cruces per spatium
duorum annorum : quo tempore pendente, annis singulis, in solempni-
tatibus Natalis Domini, Pasche, Penthecostes et Assumptionis Virginis
Marie, teneantur se presentare in majori ecclesia Ebreduni, coram
dominis de capitulo, in primis vesperis ipsarum solempnitatum et in
majori missa ipsorum dierum. In vigiliis autem virginis Marie, cum
pane et aqua jejunent spacio, illi qui steternut in balmis, quinque
annorum, et alii, duorum annorum predictorum, et teneantur celebrare
facere quilibet tres missas infra hunc annum, infra sua parochiali ecclesia, unam de Spiritu Sancto, aliam de virgine Maria, aliam vero pro
defunctis; et eorum quilibet ymaginem virginis Marie, in loco mundo
et honesto, in domo sue habitationis, habere teneatur, coram qua, omnibus diebus vite sue, quinquies Pater noster et septies Ave Maria, genibus
flexis, devote dicere teneatur.

Femine vero, pro earum penitentia, tres missas celebrari seu dici
faciant infra annum, prout supra injunctum est; vigiliis autem jejunent,
ymagines habeant, Pater noster et Ave Maria dicant, modo et forma
quibus supra preceptum est et injunctum hominibus.

## VIII

1494. — *Extrait du procès fait par Antoine Faure, chanoine d'Embrun, commissaire apostolique dans le Valentinois,
contre Monet Rey, de St-Mamans, au diocèse de Valence,
convaincu de faire partie de là secte des Vaudois. Exposé de
la croyance de ces hérétiques.* (COLUMBI. *De rebus gestis epis-
coporum Valentinensium et Diensium,* lib. IV, n° 9-11; dans
ses *Opuscula varia,* Lugduni, 1668, in-f°, p. 330-1).

..... Dixit et sponte confessus est, et sunt 15 anni elapsi vel circa,
venit ad eumdem loquentem quidam Telmonis Pascallis, de Bellores-
pectu, ejus affinis, qui sibi notificavit quod in domo ipsius Telmonis
erant duo boni homines qui multa bona verba salutaria dicebant, dicendo sibi quod si vellet eos audire quod veniret ad dictam domum, ubi
eos inveniret. Quo audito, dictus loquens accessit ad dictam domum, ubi
reperit duos homines. Ipso ingresso cum eis, unus ipsorum hominum,
scilicet antiquior legere cœpit quosdam parvos libros, quos secum defe-
rebant, in quibus asserebant descripta esse decem precepta legis, et
ibidem quamplurima verba bona dicebant, ut sibi videbatur. Et inter

cœtera dicebant, quod nemo alteri facere debet quod sibi facere nollet. Item, quod solus Deus erat colendus, adorandus et deprecandus : quia ipse solus est qui potest nos juvare. Item, quod jurare pro quavis occasione vel causa, sive pro vero vel mendacio, aut aliud quodcunque facere juramentum. ubi poneretur ista locutio *per*, erat magnum peccatum. Item, quod sacramentum matrimonii debebat firmiter et fideliter custodiri. Item, quod bona opera quæ fiunt ante mortem hominis plus prosunt quam quæ fiunt post mortem. Item, quod homines maritati abstinere debebant ab actu carnali tempore menstruoso et etiam diebus Veneris in honorem Dei. Item, quod sancti nec sanctæ non erant deprecandi in nostrum auxilium, quia non poterant nos in aliquo juvare, nisi solus Deus. Item, quod dies dominicales super omnia alia festa debebant solemniter coli : alia vero festa dicebant fuisse per ecclesiam inventa, quæ non erant de necessitate colenda : imo poterat aliquid operari in eisdem, exceptis festivitatibus Apostolorum et aliis majoribus, quas non exprimebant. Item, quod viri ecclesiastici nimias habebant et possidebant divitias atque bona ultra quam oportebat, ob quod mala multa faciebant : quorum aliqui, causantibus eorum superfluitatibus et bonorum abundantia, erant fœneratores, usurarii, superbi et avaritia pleni ; alii vero nimis liberaliter et inhoneste vivebant, tenendo meretrices in domibus suis palam et publice, sic malum exemplum ostendendo in populo. Item, quod prædicti sacerdotes, eorum causante mala vita, non habebant majorem potestatem absolvendi quam habebant ipsi prædicatores sive hujus secte magistri ; imo ipsi magistri, sive prædicatores, licet essent laici, habebant tantam potestatem sicut sacerdotes et ecclesiastici. Item, quod melius et magis meritorium erat dare eleemosynam uni pauperi leproso aut infirmo vel indigenti quam offere in ecclesia sacerdotibus divitibus, etiam quia non observabant sanctitatem, qua tenebantur. Item, quod omnes aquæ fuerant semel a Deo benedictæ et quod non erat necesse aquam iterato benedici a sacerdotibus, quia nihil plus valebat una quam alia. Item, quod in vanum et frustra erat orare pro animabus defunctorum, ex eo quia quando aliquis bene moritur anima ejus tendit illico et incontinenti ad paradisum ; si vero male, ad infernum. Item, quod nullum poterat fieri aliud melius jejunium quam jejunare diebus Veneris. Ideo exhortabatur eos qui ibidem erant ut quantum possent jejunarent ipsis diebus in honorem Dei. Item, quod frustra erat accedere ad imagines sanctorum et sanctarum, orando coram eis, quia non erant nisi res materiales, factæ de nemore aut lapide, vel depictæ, non audientes nec intelligentes et alias nihil potestatis habentes. Item, quod consulebant et admonebant omnes ibidem existentes quod quantum eis possibile esset maritare et nubere studerent eorum filios et filias inter eos qui scirent esse de secta hujusmodi. Item, quod ipsi prædicatores seu magistri et sacerdotes sive viri ecclesiastici uno semel processerunt et eodem ordine sive consortio : sed quia ipsi sacerdotes insequi voluerunt avaritiam et voluptates mundanas, et ipsi prædicantes sive magistri remanserunt in eorum paupertate quam hactenus observaverunt, et propterea fuerant ordinati per

Deum ad eundum per mumdum praedicando veram fidem catholicam, ad instar apostolorum, sed ne offenderentur a malis gentibus necesse erat eis incedere caute et secure. Item, dixit et sponte confessus fuit quod ex post, factis praedicationibus praedeclaratis, ipse qui praedicaverat se inclusit infra quamdam cameram, dicendo sibi quod accederet ad eum ut eidem confiteretur, quia erat sanctus et justus vir habens magnam potestatem : quod et factum fuit, et confessus est eidem, genibus flexis. Demum, facta confessione, ipsum absolvit, ad modum sacerdotum, manum ad caput imponendo. Interrogatus quam poenitentiam dedit sibi dictus praedicator, dixit et respondit quod sibi injunxit dicere magnam quantitatem de *Paters nosters*, tantum quantum dicere posset, et faceret aliquas eleemosynas juxta suam possibilitatem..... Interrogatus quid dabat dictis confessoribus sive praedicantibus, dixit et respondit quod dabat eis aliquoties duos aut tres grossos, et ipsi praedicatores sive confessores dabant sibi aliquando certam quantitatem acuum sive d'*aguillas*.

# APPENDICE
## Corrections et Additions

— Page 2, ligne 13 : *Dès la fin du XI° siècle, Urbain II...* C'est sur la foi de plusieurs historiens que nous avons parlé d'Urbain II signalant la vallée Gérontane (la Vallouise) comme un foyer d'hérésie. Les lettres de ce pape, celles du moins que nous connaissons, ne renferment rien qui puisse autoriser cette affirmation.

— Page 3, ligne 20 : *On a beaucoup écrit sur l'origine des Vaudois.* Dans cette étude, toute locale, nous avons adopté sur la question des origines vaudoises l'opinion qui nous a paru la plus conforme à la vérité. Pour des raisons de sentiment, les historiens et théologiens vaudois ont été portés à s'attribuer des origines plus anciennes ; dès le XV° siècle, on les voit faire remonter leurs premiers ancêtres jusqu'à Constantin. Cette opinion s'accrédite, à la suite du schisme des Hussites et surtout à l'époque de la Réforme. Elle a été soutenue de nos jours par : TRON, *P. Valdo*, Pignerol, 1870 ; — WORSFOLD. *P. Valdo the reformer of Lyon*. London, 1880. — MUSTON. *Aperçu de l'antiquité des Vaudois des Alpes, d'après leurs poèmes en langue romane*. Pignerol, 1879 ; — GALIFFE. *Les vallées vaudoises du Piémont*. Genève, 1884 ; — BRUNEL. *Les Vaudois des Alpes françaises*. Paris, 1888. Quand on étudie sans parti pris cette question historique, on ne tarde pas à comprendre que les faits, les documents nous obligent à ne point abandonner sur ce point l'enseignement des anciens historiens, soit catholiques, soit vaudois, qui présentent Valdo comme le vrai fondateur de la secte. Il nous a semblé très naturel de rattacher l'origine des Vaudois à ce grand mouvement de réforme qui se manifeste dans l'Eglise au XII° siècle. Ce qui nous confirme pleinement dans ces appréciations, c'est que P. Valdo ne pensait à rien moins qu'à créer un schisme, à plus forte raison une hérésie : il ne se proposait qu'un but, entraîner ses auditeurs à la pratique de la perfection chrétienne, telle qu'il l'entendait. Outre MULLER, *Die Waldenser*.. sur lequel nous nous sommes appuyé, nous pouvons citer : COMBA, *Valdo ed i Valdesi avanti la riforma*. Firenze, 1880, in-8°, 61 pp. ; — du même auteur, *Storia della riforma in Italia*. Firenze, 1881, in-8°, t. I, 588 pp.

— Page 11, ligne 21 : *de peu d'importance.* En 1288, les provinces ecclésiastiques d'Arles, d'Aix et d'Embrun renfermaient des hérétiques en assez grand nombre pour nécessiter de sévères mesures. Nicolas IV, par une lettre datée de Riéti, le 5 septembre 1288, recommande à tous les inquisiteurs établis dans ces régions de redoubler de vigilance et de s'armer de courage : « Discretioni vestre, per apostolica scripta mandamus quatenus in caritate Dei, hominum timore postposito, virtutem spiritus induentes ex alto, predictum officium quod apostolica vobis auctoritate committimus, ubique infra prefatos limites, simul vel separatim aut singulariter, prout negotii utilitas suadebit, ad extirpandam exinde hereticam pravitatem......... » LANGLOIS: *Les registres de Nicolas IV*. Paris 1886, n° 320. Quelques semaines plus tard, le 23 décembre 1288, Nicolas IV expédiait de Sainte-Marie-Majeure neuf documents pour tracer aux inquisiteurs de nos pays la ligne de conduite qu'ils devraient suivre. Il est enjoint aux comtes, barons, sénéchaux, consuls de recevoir et de mettre à exécution les lois promulguées par l'empereur Frédéric II contre les hérétiques (ibid., n° 426). Ces constitutions impériales ont été souvent publiées : RIPOLLI, *Bullarium Præd.*, t. I, p. 246, n° 330 ; — WADING, *Annales Fr. min.*, t. III, p 338; — SBARAGLIA, *Bullarium Francisc.*, t. I. p. 730, n° 550 ; — PERTZ, *Mon. Germ. hist.*, t. IV, p. 326-329 (HUILLARD-BRÉHOLLES, *Introduction à l'histoire dipl. de l'empereur Frédéric II*. p. 487). Nicolas IV veut qu'on contraigne les hérétiques et leurs garants à payer les amendes qui leur auront été imposées, qu'on démolisse les tours et les maisons « in quibus hereticus fuerit. » (Ibid., n° 427-434). Du 18 au 24 octobre 1289 se tint à Vienne un concile célèbre, où tous les évêques de la province se trouvèrent réunis sous la présidence du métropolitain, Guillaume de Valence. On ne pouvait manquer de s'y occuper des hérétiques. Le 10° canon de ce concile ordonne que tous les dimanches et les jours de fête les curés excommunient et anathématisent, avec le cérémonial usité, c'est-à-dire au son des cloches et en éteignant les cierges, les hérétiques et leurs fauteurs, afin de parvenir à exterminer plus complètement cette criminelle hérésie qui s'est nouvellement implantée dans le pays, *ut plenius exterminari valeat hæretica pravitas quæ in istis partibus noviter inolevit.* Ce canon renferme aussi les prescriptions suivantes : « Statuimus ut in singulis parochiis, tam in civitate quam extra, quilibet episcopus sacerdotem unum, vel duos vel tres bonæ opinionis laicos, vel plures, si opus fuerit, juramenti religione constringat, qui diligenter et sollicite investigent si quos ibi repererint hæreticos, credentes, fautores, defensores et receptores eorum, et ipsi, si quos repererint, episcopo et dominis locorum et baillivis eorumdem cum omni studeant festinantia intimare, ut eos puniant secundum canonicas et legitimas sanctiones, nihilominus bona hæreticorum omnia confiscentur, iis tamen qui incarcerari debent, ad arbitrium episcopi, sufficienti provisione retenta ; damnati vero per ecclesiam, de hæretica pravitate si noluerint converti, laici statim, clerici postquam fuerint degradati, seculari judicio relinquantur animadvertione debita puniendi. » CHARVET, *Hist. de la sainte Eglise de Vienne.* Lyon, 1761, in-4°, p. 678-9.

— Page 21, ligne 5. M. le chanoine Paul Guillaume (*Notice hist. sur l'Argentière*, dans Bulletin de la soc. d'ét. des Hautes-Alpes, t. II (1883), p. 286) cite d'après FORNIER, *Hist. gen. des Alpes-Maritimes ou Cottiennes* (Ms. de Lyon, f° 537) les faits suivants : « En 1344 Pasteur « d'Aubenas convertit quelques Vaudois qui peu d'années après sont « recherchés comme *relaps*. En 1353, cent cinquante vaudois sont « réconciliés avec l'Eglise et condamnés à porter *une croix de drap* « *jaune au devant de la poitrine et sur le dos*. En 1354, on trouve encore « que dix-huit vaudois firent leur abjuration à l'Argentière. »

— Page 31, ligne 20 : *liber facturreriorum*. Il faudrait plutôt lire *facturreriorum*. Voir DU CANGE, V° *Factura*, sortilegium. En vieux français *faitures, facturerie, faituriez*.

— Page 60, note. Comme complément de ce que nous avons dit sur les doctrines, nous ajouterons quelques *notes sur les écrits vaudois antérieurs au XVI° siècle*. Nous ne saurions mieux faire que de présenter ici un résumé succinct des remarquables travaux d'Edouard

MONTET: *Histoire littéraire des Vaudois du Piémont d'après les manuscrits originaux conservés à Cambridge, Dublin, Genève, Grenoble Munich, Paris, Strasbourg et Zurich, avec fac-similé et pièces justificatives.* Paris, 1885, in-8°, XII-242 pp.; — *De l'origine des Vaudois et de leur littérature,* dans *Revue de l'histoire des religions,* Paris, t. XIX (1889), p. 203-219. Les manuscrits vaudois sont au nombre de vingt; leur âge est parfaitement déterminé, quoi qu'on en ait dit.

XIII° siècle (?): 1 (Munich).
XIV° siècle : 2 ( — ).
XV° siècle : 7 ( 3 Cambridge, 2 Genève, 1 Dijon, 1 Strasbourg).
XVI° siècle : 7 ( 2 — 2 — 3 Dublin).
XVII° siècle : 3 ( 1 Genève, 2 Dublin).

Dix seulement appartiennent donc à l'époque dont nous nous occupons.

On peut distinguer trois périodes dans l'histoire de la littérature vaudoise :

Première période, catholique, XIV° siècle et première moitié du XV° siècle. Les écrits vaudois de cette période sont des traductions, des imitations ou des adaptations d'ouvrages catholiques : recueils de maximes morales (*le verger de consolation, le docteur,* etc.); c'est un catholicisme populaire, ignorant les détails du dogme (*Le livre des vertus, la glose sur le notre père, le traité de la patience,* etc.)

Seconde période, première moitié du XV° siècle. Période de transition, qui prépare la période hussite ; on s'éloigne du catholicisme. Les écrits les plus importants de cette période sont les sept poèmes, et, avant tous les autres, la célèbre « Noble leçon. » On a fait beaucoup de bruit autour de ce petit ouvrage, dont on voudrait pouvoir reculer l'origine jusqu'au XII° siècle ; mais il y a des preuves positives, d'une évidence aveuglante, qui établissent que ce poème est bien du XIV° siècle. Ceci ne peut plus faire un doute pour quiconque est de bonne foi. M. Montet le démontre parfaitement dans l'édition de la « Noble leçon, » qu'il a donnée en 1888. Avant lui M. COMBA, *Storia della riforma in Italia,* t. I, appendice III, a victorieusement soutenu la même thèse.

Troisième période, hussite. La plupart des opuscules vaudois ont pour originaux ou pour sources les écrits composés en Bohême, ou bien sont inspirés par les idées religieuses répandues à cette époque sur le plateau bohémien.

« La triple division, dit M. Montet, que nous avons établie dans la littérature vaudoise, correspond exactement au développement des idées religieuses dans le parti vaudois, qui, professant tout d'abord un catholicisme modéré, à tendances réformatrices ascétiques, se transforma peu à peu sous le coup des persécutions, l'influence des partis religieux contemporains et par son propre développement interne, jusqu'au jour où, après avoir passé par l'évolution hussite, il accepta le principe de la réforme protestante. C'est ainsi que la genèse des croyances vaudoises est attestée par les étapes successivement parcourues par la littérature vaudoise. »

La question des bibles, dites vaudoises, dont on conserve entre autres des manuscrits à Lyon, Paris, Grenoble, Cambridge et Carpentras, a soulevé une querelle qui continue à se débattre, non sans passion, en Allemagne et en France. Beaucoup d'écrivains protestants, on en comprend le motif, professent une opinion très favorable aux Vaudois, en tant que traducteurs en langue vulgaire du Nouveau Testament ; peu s'en faut qu'ils ne les considèrent « comme ayant exercé une sorte de monopole à cet égard, au moyen âge. » Sur cette controverse, on peut consulter : Samuel BERGER, *La Bible française au moyen âge,* Paris, 1884, et les articles du même auteur sur les publications de MM. Haupt,

Jostes, Keller, dans *Revue historique*, t. XXX (1886), p. 164-169, et t. XXXII (1886), p. 184-190); — L. Clédat, *Le Nouveau Testament traduit au XIII° siècle en langue provençale, suivi d'un rituel cathare.* Reproduction photolithographique du Ms. de Lyon... Paris, 1888, XXVI-480 pp. ; — Montet. op. cit , etc., etc.

— Page 127, ligne 15 : Nous indiquerons encore quelques livres rares sur les Vaudois : (Murat), *Hist. des persécutions et guerres faites depuis l'an 1555 jusques en l'an 1561 contre le peuple appelé Vaudois, qui est aux vallées d'Angrogne, Luserne, Sainct-Martin, La Perouse et autres païs de Piémont.* (s. n. d. l.), 1562, in-8°, 174 pp. ; — (Appia), *Cinq lettres par un Vaudois des Gaules cis-alpines sur quelques pages d'un livre intitulé : Histoire geogr., naturelle, eccl. et civile du diocèse d'Embrun...* (s. n. d. l ), 1784, in-8°, 74 pages ; — (Brez). *Histoire des Vaudois,* Paris, 1796, 2 vol. in-8° 132 p. et 268 p. ; — Benoit (dominicain), *Hist. des Albigeois et des Vaudois ou barbets avec une carte géog. des vallées.* Paris 1691, 2 vol. in-8°, 372 et 332 pp. ; — Maranda, *Tableau du Piémont sous le régime des rois avec un précis sur les Vaudois et sur les barbets,* Turin, l'an XI, in-8°, 244 p. Enfin signalons ici un détail peu connu. Des Vaudois venus de la Savoie, du Dauphiné et du Piémont et réfugiés en Suisse, furent à la fin du XVI° siècle transportés en Wurtemberg et y fondèrent plusieurs communes. La plupart de ces villages sont aujourd'hui complètement germanisés, et ce sera bientôt le cas pour Neu-Hengstett, où sur 448 habitants, il n'y en a plus que 60 environ qui parlent et comprennent couramment le patois roman de leurs ancêtres. La tradition chez eux est que le nom de Bourcet qu'ils donnent à leur village est celui du petit pays sur le versant oriental des Alpes dont ils étaient originaires. Bourcet est en effet un petit vallon qui vient déboucher dans la vallée du Cluzon (voir plus haut, p. 49). On a publié il y a quelques années une très intéressante histoire de Neu-Hengstett ; elle a pour auteur le D' Alban Roessiger : *Neu-Hengstett (Burset). Geschichte und Sprache einer Waldenser Colonie in Wurtemberg.* Greifswald. Abel. In-8°, 77 pp.

— Pages 133, ligne 28 : au lieu de *commiscebantur,* lisez : *commiscebat.*

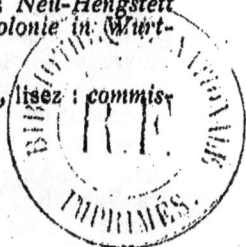

# Table Analytique

www.ingramcontent.com/pod-product-compliance
Lightning Source LLC
Chambersburg PA
CBHW060431090426
42733CB00011B/2231